社交广告传播模型及供应链广告决策研究

杨东辉 著

东南大学出版社
SOUTHEAST UNIVERSITY PRESS
·南京·

图书在版编目（CIP）数据

社交广告传播模型及供应链广告决策研究 / 杨东辉著. -- 南京：东南大学出版社，2025.1. -- ISBN 978-7-5766-1821-1

Ⅰ．F713.81

中国国家版本馆 CIP 数据核字第 2024BR5063 号

责任编辑：胡炼　责任校对：子雪莲　封面设计：顾晓阳　责任印制：周荣虎

社交广告传播模型及供应链广告决策研究
Shejiao Guanggao Chuanbo Moxing Ji Gongyinglian Guanggao Juece Yanjiu

著　　者	杨东辉
出版发行	东南大学出版社
社　　址	南京四牌楼 2 号　邮编：210096　电话：025-83793330
出 版 人	白云飞
网　　址	http://www.seupress.com
电子邮件	press@seupress.com
经　　销	全国各地新华书店
印　　刷	广东虎彩云印刷有限公司
开　　本	700mm×1000mm　1/16
印　　张	14.75
字　　数	205 千字
版　　次	2025 年 1 月第 1 版
印　　次	2025 年 1 月第 1 次印刷
书　　号	ISBN 978-7-5766-1821-1
定　　价	79.00 元

本社图书若有印装质量问题，请直接与营销部调换。电话(传真)：025-83791830

前　　言

　　社交媒体广告是一种非常具有潜力的商业模式,也是社交媒体企业生存和发展的重要收入来源。尤其在数字经济时代,随着社交媒体平台的成长,互联网经济有了迅猛的发展,带动了我国各行业经济的增长。社交媒体上的定向广告吸引了众多企业的参与,在 Meta(Facebook)、Twitter、TikTok 以及国内的新浪微博、微信、抖音等平台上投放广告的费用也持续攀升。随着用户不断增长,社交媒体平台的广告面临精准定向与用户隐私保护之间、精准定向与最大化传播之间的矛盾。

　　对于广告商而言,广告与用户匹配能优化他们在社交网络上投入的精准度,以有效吸引目标消费者。在给定广告内容的前提下,提高定向广告精准度的关键是大量收集用户信息。消费者相关信息可以分为两类:(1)横向信息(horizontal information),即用户购买商品信息和用户偏好,包括用户在线浏览数据、历史购买记录等;(2)纵向信息(vertical information),即用户购买能力,包括用户职业、交易记录金额等。广告作为一种信息,在社交网络中有效扩散,用户间通过社交媒体交互产生点赞、转发行为,最终形成购买行为。信息传播理论和社会网络分析理论可以帮助企业发现社交媒体广告传播规律,从而形成科学的社交媒体广告传播模式。为了实现已经定向的广告最大化传播,本研究使用传染病模型对其进行仿真分析,预测社交媒体广告最大传播量和有效传播周期。在此基础上,构建两阶段传染病模型,改进传播状态和过程,实现社交广告传播整体过程最大化。

另外,社交媒体为了维持广告收入的增长,势必要优化企业、广告公司(购买广告的公司)、出版商(销售广告的网站)以及消费者构成的生态系统。随着大数据、物联网和新零售的发展,传统零售行业的商业模式也发生了改变,供应链的线上渠道和线下渠道发生了深度融合,经历了双渠道、跨渠道、多渠道的发展,渐渐发展出了全渠道这一新型零售模式。在这种全渠道的模式下,消费者可以跨渠道在任何时间、任何地点购买产品,获得极大的便利。广告商也从线下广告向线上广告、社交媒体广告投放发力。因此,在新的商业模式中,构建考虑社交媒体广告影响的供应链管理模型,分析均衡状态下的分散决策、集中决策、广告成本分担等形式下对广告商的影响,可以帮助广告商、社交媒体平台、投放企业做出合理的决策。

基于以上两个方面的研究需求,本专著形成了广告信息传播研究和供应链广告分析研究两大部分内容,具体章节安排如下:

第1章绪论部分整理了与社交广告、社交媒体营销、供应链管理及社交媒体广告传播相关的研究现状,重点分析了社交广告的影响因素,以及不同社交广告投放方式对供应链管理的影响研究。

第2章介绍了信息传播理论与经典模型。信任机制和信任采纳理论构成了信息传播的核心内容,准社会互动理论解释了社交媒体广告上的点赞、评论、转发等行为的发生。而相关研究基础也是通过构建相应模型实现信息传播的度量与预测,包括独立级联模型、线性阈值模型、传染病模型等。尤其是社交媒体上,用户是一种隐式网络互动,传染病模型更能符合社交媒体广告的传播模式。为了增加社交媒体网络中广告传播的可解释性,多主体建模方式也用来进行仿真用户之间的网络互动。

第3章介绍社会网络的分析理论与模型。社交媒体中的网络结构分析具有天然的吸引力,对于节点和边两个最主要因素的分析,分别通过中心性、度分布、平均最短路径和聚类系数来衡量。当然,为了通过网络建模方式展示网络特性,对现有随机图、小世界网络、优先链接网络等三种网络模型刻画用户网络模式进行了叙述,并阐述了社区发现的概念和发现方法,以用来更有针对性地分析社交媒体广告用户群体。

第4章是社交媒体广告传播的基本分析。包括社交媒体广告传播中利用传染病模型建模的基准模型刻画、参数分析、数据集和不同社会网络结构对其影响,并构建了两阶段传染病模型与其对比分析。通过四种影响参数情形下的广告传播量和时长的变化,给出社交媒体广告投放策略指导,帮助企业和广告商根据不同情形设计合理的投放策略。

第5章聚焦于利用两阶段传染病模型解决社交媒体平台上植入式广告传播模式的研究。根据植入式广告的特点,形成两个阶段广告传播规律,结合种草效应和从众效应构建新的传播路径,并仿真分析了不同影响参数下的模型优越性。

第6章是基于多主体模型的植入式广告传播分析。为了克服传染病模型的局限性,研究影响用户购买的内部和外部影响因素,本章通过多主体模型构建方式研究用户交互的传播过程,并通过仿真分析研究用户异质性和交互性的影响,探讨了接受意愿和激活率不同阈值与社交媒体广告传播效果之间的关系。

第7章是考虑社交广告的供应链均衡分析。将社交广告刻画到供应链管理模型中,研究分散化决策与集中化决策中广告定价,以及广告对供应链的各参与方的利润影响,通过数值仿真给出考虑广告成本的供应链管理决策。

第8章研究合作广告形式下供应链管理决策问题。主要对比非合作广告和合作广告两种模式下，通过线下、一般线上、社交媒体平台、全渠道等不同营销渠道模式下供应链均衡博弈结果对比，找出最优的广告成本承担模式和不同博弈方的最优利润，为其科学决策给出理论支撑。

本专著是本人与硕士研究生科研课题研究成果累计。其中，硕士生贾玉洁和唐梦参与了社会网络分析方法和社交广告传播分析的相关工作，徐瑞泽同学参与了考虑广告和不同广告形式的供应链管理决策研究。东南大学王岩博士也深度参与了考虑社交广告的供应链管理模型构建、社交媒体广告传播规律分析等工作。同时，十分感谢东南大学出版社的帮助和指导才使得专著顺利出版，也感谢江苏高校哲学社会科学研究重大项目(2023SJZD014)和东南大学院系联合基金项目(2242024K40027)的支持。希望本书的内容可以为研究社交媒体平台广告信息传播规律和社会网络分析的读者提供一定借鉴和研究思路，能够将数据挖掘方法和社会网络分析在社交媒体平台研究得更加深入。尽管本书内容我们已经多次研讨修改，撰写过程也难免出现错误，还请读者批评、斧正。

2024 年 6 月　于南京

目　　录

第1章　绪论 ··· 1

1.1　社交广告与社交媒体营销 ·· 3
1.2　社交电商与供应链管理 ·· 4
1.3　社交广告传播及其发展 ·· 6

第2章　信息传播理论与模型 ·· 23

2.1　信息传播理论 ··· 25
2.2　经典信息传播模型 ··· 28
2.3　多主体建模与仿真方法 ··· 38
2.4　本章小结 ··· 40

第3章　社会网络分析理论与模型 ·· 43

3.1　复杂社会网络理论 ··· 45
3.2　社会网络拓扑结构度量 ··· 47
3.3　社会网络分析模型 ··· 50
3.4　社区发现 ··· 59
3.5　本章小结 ··· 62

第4章　社交媒体广告传播分析 ··· 65

4.1　简介 ··· 67
4.2　文献综述 ··· 69
4.3　模型 ··· 72
4.4　参数仿真分析 ··· 82
4.5　结论 ··· 92
4.6　本章小结 ··· 94

第 5 章　基于两阶段传染病模型的植入式广告传播分析 …… 99
   5.1　植入式广告传播机制分析 …… 101
   5.2　植入式广告在社会网络上的传播机制 …… 107
   5.3　基于两阶段传染病模型的植入式广告传播 …… 112
   5.4　本章小结 …… 133

第 6 章　基于多主体模型的植入式广告传播分析 …… 137
   6.1　传染病模型的局限性 …… 139
   6.2　多主体模型构建 …… 140
   6.3　仿真实验 …… 145
   6.4　仿真结果分析 …… 153
   6.5　本章小结 …… 169

第 7 章　考虑社交广告的供应链均衡分析 …… 171
   7.1　模型描述 …… 173
   7.2　均衡结果的比较分析 …… 181
   7.3　数值仿真 …… 185
   7.4　本章小结 …… 190

第 8 章　合作广告形式下的决策对比分析 …… 191
   8.1　模型描述 …… 193
   8.2　均衡结果的对比分析 …… 198
   8.3　数值仿真（1） …… 201
   8.4　考虑 BOPS 渠道与成本补偿契约的决策对比分析 …… 211
   8.5　数值仿真（2） …… 219
   8.6　本章小结 …… 224

第 1 章

绪 论

近年来,社交媒体正深刻改变着人们的互动交流方式,同时也成为了一种连接企业与消费者的新渠道,基于社交媒体的广告成为营销的主要路径。在互联网移动技术和大数据技术的转型推动下,线上社交媒体与线下销售渠道深度融合,受社交广告深度影响的全渠道零售成为新的商业模式。因此,对于企业而言,利用好社交广告进行社交媒体营销,使得广告传播效果最大化,并协调好不同渠道间的竞争问题,成为迫在眉睫的需求。

1.1 社交广告与社交媒体营销

据中国互联网络信息中心(CNNIC)最新发布的第 52 次《中国互联网络发展状况统计报告》指出,至 2023 年 6 月,我国网民规模已显著扩大至 10.79 亿人,相较于 2022 年 12 月增长数量高达 1 109 万人。此外,我国互联网普及率也呈现出稳健的增长态势,达到 76.4%,这充分展示了我国互联网发展的强劲势头和广阔前景。特别值得一提的是,短视频用户规模已高达 10.26 亿,占据总网民数的 95%。这一现象充分表明,基于互联网的在线视频产品已逐渐深入人们的日常生活,成为其不可或缺的组成部分,对人们的生活方式和消费习惯产生了深远的影响。

社交媒体的出现改变了人与人之间互动交流的方式,也成为了一种新的向消费者传递信息的有效渠道,同时也成为一个新的广告投放途径并且吸引了越来越多的社交广告投资[1]。随着智能终端的广泛普及和内容生态的蓬勃发展,具有视频内容功能的社交媒体行业迅速崛起,并已成为产品信息的关键传播渠道。从消费者角度来看,用户的购物决策越来越依赖互联网平台上的内容。相比于其他形式的广告,社交广告基于人际关系传播的广告理念,更加注重用户体验。消费者通过搜索引擎和智能推荐系统获取商品信息,并且可以在社交媒体上对产品进行评论以及跟其他消费者进行互动,从而增加购买意愿[2],这也推动了抖音、快手、哔哩哔哩、小红书等社交媒体平台的蓬勃发展。

从企业角度来看,企业通过与社交媒体博主合作进行营销,这就是社交媒体营销。不同于传统广告,社交媒体营销可以通过社交媒体用户讨论与传播持续扩大热度,有效扩展企业现有的客户群体并提升自身的销售额[3]。社交媒体营销的一种重要营销方式是与视频博主合作,共同制作富含广告信息的视频内容,即植入式广告。

这种企业与具有影响力的视频博主(统称"影响者")合作制作植入式广告的方式,在商业营销方面具有天然的优势。首先,影响者通过某一领域的视频创作积累了高黏性的粉丝,拥有意见领袖的影响力;其次,与专业生产者和明星相比,影响者因其社会角色和生活环境,与消费者更亲近,更容易使受众产生信任感。影响者在品牌营销中发挥着日益重要的作用,他们为品牌提供了一种新颖且高效的营销渠道——植入式广告营销:企业通过与影响者合作,采用赞助形式制作发布植入式广告,以一种更为隐蔽和潜移默化的方式将品牌信息融入非商业性的内容视频中,在受众观看视频的过程中自然而然地传递品牌价值观,实现精准营销,提升品牌形象[4,5]。

1.2 社交电商与供应链管理

社交媒体除了在广告、产品需求、批量等方面扮演着重要角色以外,在电子商务领域也取得了一席之地。比如小红书APP的发展,作为社区交流平台,用户在APP中通过文字、图片、视频等记录和分享自己的生活;作为全球购物电商平台,小红书依托用户分享内容的同时售卖相关产品,凭借着将电商、社区、社交三大业务进行融合的形式积累了大量高品质用户,并引入了阿里巴巴和腾讯的融资。社交电商重构了"人货场"三者之间的关系,由原本的"货—场—人"演变为了"人—货—场",由渠道关系对生产关系进行了改革。社交电商一方面融入了社交媒体广告的特性,有效扩大了消费者群体、刺激消费者购买意识,另一方面作为供应链的渠道之一,方便消费者购买产品,有效提高经营效率。因此在供应链中研究社交媒体渠道十分有意义。

在当今数字化、社交媒体、新零售的时代背景下,供应链与大数据、区块链等新技术的结合正在改变传统零售行业的商业模式。同时,随着互联网及移动信息技术的快速发展,线上渠道与线下渠道也在进行深度融合,并渐渐转变为"全渠道零售"的模式。在该模式下,产品或服务的供应商可以提供多个渠道(线上和线下)的购买方式,消费者可以跨渠道在任何时间、任何地点进行购物,这种模式实现了顾客的多渠道实时用户体验[6]。用户反馈的信息可以帮助企业及时调整销售策略,尤其在"全渠道零售"模式中更加强调品牌对客户信息的集中控制[7]。全渠道供应链可以对线上渠道、线下渠道、BOPS(Buy Online and Pick up in Store,线上购物线下取货)、展厅模式等各渠道进行整合,从而满足消费者的购物需求,这也是传统供应链创新的一个重要方向。但目前关于全渠道供应链的研究仍集中在BOPS这一渠道上[8-10],随着线上平台的发展,在供应链中考虑纳入社交媒体渠道也是大势所趋。如何从供应链的角度考虑社交媒体的传播特性,如何在供应链中考虑社交媒体广告指数型增长的影响,这也是本书需要解决的问题。

另外,渠道间的有效整合是多渠道供应链中十分重要的研究内容。供应链间的成员往往是独立的决策个体,进行渠道整合时,制造商和零售商既是合作伙伴又是竞争对手,不可避免地会造成同级供应链之间的矛盾,从而导致渠道冲突的发生,并且复杂程度越高的渠道,其成员间的冲突水平也越高[11]。有研究发现,构建在线直销渠道有助于制造商创造新产品、塑造品牌形象,以及加深和客户之间的关系[12],同时,凭借着互联网的快速发展,制造商可以越过中间商直接接触消费者。但直销渠道的建立势必会对传统线下零售商的利益产生影响。为了缓解渠道冲突,一些学者提出几种有效机制:一种是通过盈余利润的分成机制实现渠道协调[12],另一种是通过制造商给予零售商批发价格折扣从而和零售商共享网络直销利润以缓解供应链渠道冲突[13],另外还可以通过合作广告缓解渠道冲突[14, 15],即零售商选择投放广告以增加市场需求,刺激消费者的购买欲,选择进行合作广告策略的制造商可以通过分担零售商的广告成本激励零售商的广告投放行为,进而扩大市场需求,缓解渠道冲突。因此,如何在合作广告中进行定价决策与缓解渠道冲突也是多渠道供应链研究必须考虑的问题。

1.3 社交广告传播及其发展

随着互联网的急速发展,我们可以更快地了解世界上任何角落的信息,全球各地人们的商务模式也发生了彻底的改变,许多财力雄厚的公司都投身其中。电子商务公司爆炸式增长,经过几十年的发展形成了令人惊叹的电子商务产业。根据信息和交易的交换方式不同,电子商务出现了 B2B(企业对企业)、B2C(企业对客户)、C2C(客户对客户)、B2G(企业对政府)等多种模式。

从表面上看,关于电子商务的事情都是正向的。然而,随着商品个数和种类急速增多，顾客需要花费大量的时间才能找到自己想要的商品。因此，搜索和浏览海量信息和产品的过程，使消费者的时间和精力大量浪费，同时也大大降低了电子购物的效率，反而成为一种新型壁垒。处在信息爆炸时代，正是由于信息上传、传播的快捷和方便造成了海量冗余信息，产生了信息过载现象，人们越来越难找到自己想要搜索的信息，这给用户造成很大麻烦。

个性化推荐系统正是解决信息过载问题，通过分析用户行为模式推荐符合用户个性偏好的设备。没有推荐系统的帮助，用户很难选择、分析和做出最优决策。正因为推荐系统应用到电子商务的各个方面，比如图书网络购买、5G移动手机在线销售、B2C和G2B电子服务、在线旅游服务、数字视频和团购推荐等[16-21]，用户在各方需求得到极大满足，面对海量信息，用户才能够做出合理决策，既节省了时间，又选择了性价比高的最优决策。推荐系统的实际应用中，制约其推广能力的因素是推荐结果的准确程度。尤其是手机移动终端上，用户可以在很小的用户界面显示上找到符合心理偏好的物品和服务，能够形成良好的用户体验，增加对推荐系统的信任。因此，提高推荐结果的准确度在电子商务领域具有极为重要的研究价值。在实际应用中，推荐系统引起了各大公司的足够重视。Netflix公司为能够提高他们网站的影视推荐系统性能10%的设计者奖励100万美元；Amazon公司分析自己网站使用推荐系统后，商品销售额的增加超过了30%[22]。

社会化推荐系统研究发现，因为能够引入真实世界的网络结构，用户与其他用户的社会网络关系能够被挖掘出来，这样就加入新的参数，能够很好地解决原有推荐系统数据稀疏、冷启动等问题[23]。同时，引入社会网络结构也使得推荐系统变得更加复杂，有些学者也开始将注意力转移到此领域。社会网络结构中的信息能够扩散是基于社会心理学中人和人之间的信任，即形成的信任的朋友关系网络[24,25]。信任的朋友的意见是能够影响个体决策的,朋友的信息推荐能够解决数据稀疏问题,因此很多学者把社会网络特征加入个性化推荐的时候,创建图模型结构来衡量用户与用户间信任的大小[26-28]。那么,在新的社交平台上,个体在做出决策过程中,会受到意见领袖以及与自己相似个体的决策经验等因素的影响。因此,这些社会化的影响因素和社会心理分析是重要研究课题。

1.3.1 社交广告的影响因素

社交广告是一种新兴的广告营销方式,但其通过广告内容对用户决策产生营销的本质是不变的,因此社交广告营销中对用户行为的研究是重中之重。在探讨在线社交媒体平台上植入式广告等信息引发用户传播行为的影响因素时,众多研究主要围绕关注用户内行为内驱力的动机理论、关注信息因素的信息行为理论等框架展开。这些理论框架为我们提供了深入理解用户行为背后复杂机制的重要工具。

Lee等人[29]探讨了用户转发社交广告的动机,发现当广告能更好表达用户的自我意识且广告意见领袖与品牌形象一致时,用户对广告和品牌的态度会更积极。Zhu等人[30]进一步从用户感知的角度出发,通过考察信息吸引力、意见领袖类型和品牌熟悉度等因素,深入分析了用户分享社交媒体广告的意愿。在此基础上,刘通等人[31]从心理协同角度切入,建立了用户、产品、场景的三元匹配,明确了社交媒体广告应与用户在消费场景下达成心理协同效应,从而触发消费行为。这些研究不仅为我们提供了关于对用户转发行为的深入理解,还揭示了用户在信息传播过程中的心理和行为特点。

另一方面,J. Y. Lee等人[32]从信息源的可信度角度出发,深入探讨了用户转发行为的影响因素。他们发现,信息源的权威性和潮流因素在用户决策过程中起到了举足轻重的作用。Boerman等人[33]通过研究社交媒体上的用户行为,发现广告信息披露是激活广告说服的重要驱动因素。Chen[34]从影响者营销理论出发,构建了一个更为全面的广告说服理论模型,其涵盖了信息内容、信息传播者特点和信息接收者特点在内的因素。这一系列研究层层递进,构建了包括自我认可需求和外在信息价值的用户信息传播行为研究体系。崔庆安等人[35]选取"小红书"为研究对象,探究了多维情境下用户购买行为的影响因素,结果表明社会交互、信任、共同愿景、信息质量及服务质量正向影响用户决策。王亚妮等人[36]从认知心理学和神经学视角,探究了社交电商用户进行信息处理行为的特征,研究发现商品的类型会对用户的信息搜索和处理过程产生显著影响。

1.3.2 社交广告间的交互研究

在社交网络中,信息传播不仅受到传播主体的影响,信息本身的多重性、交互性也起到了关键作用。社交广告的传播往往呈现多信息、多阶段特性,不同阶段的信息互相作用,共同影响用户。

(1) 社交广告的建模方法

在信息传播研究中,传染病模型因其能描述个体间互动与宏观传播规律之间的关系,成为研究复杂网络中信息传播的重要工具。研究人员经常通过对传染病模型进行修正,来研究社会网络中的广告信息传播过程。

在基于传染病模型的信息传播研究中,学者们根据不同研究对象的特征对模型进行了扩展。Fan等人[37]利用传染病传播的动态模型构建了社交网络中的口碑信息传播模型,讨论了当退出的传播者群体并再次成为传播者时,该网络中口碑信息的传播效果变化情况;Ran 等人[38]基于经典 SEIR 模型,考虑到社交网络中的信息传播可能受到外部因素的影响,提出了一种新的 PaNSEIR(positive and negative susceptible exposed ignorant removal)模型。考虑到消费者的异质性,周福礼和叶正梗[39]构建了 SIR-HCA 负面口碑信息传播模型,描述了负面口碑的传播过程。通过模拟实验,他们探讨了初始投诉率、产品质量等因素对负面口碑传播的影响。王明珠等人[40]构建了 UKDR 模型,考虑用户的逆反心理与猎奇心理,模拟了网络舆论过程中政府进行干预对传播规模的影响情况。

尽管传染病模型在信息传播研究中发挥了重要作用,但其局限性也日益显现。为了克服这些局限,学者们不断尝试对模型进行改进,如 SIR-HCA、SCIR 等模型的提出,都是对经典 SIS、SIR 模型的扩展和深化。然而,现有的改进模型在大多数情况下仍局限于对数理层面的探讨,它们主要基于平均场理论进行构建,将个体行为视为具有一致性,从而忽略了主体之间的异质性。这种做法虽然简化了分析过程,却难以真实反映复杂社会系统中个体行为的多样性和差异性,因此可能在一定程度上限制了模型的解释力和预测精度。于是,多主体建模方法应运而生,更加深入地考虑个体之间的异质性,并发展出更加精细化的模型来刻画不同主体之间的相互作用和影响。王润等人[41]利用多主体方法和改进的 Deffaunt 模型,从复杂系统的角度研究了社会化营销中的信息传播过程,通过模拟仿真分析了不同因素对信息传播的影响。郏晓彤等人[42]利用多主体模型构建了基于 Agent 情感劝说的口碑传播模型,模拟了产品信息在社会网络中的传播情况。宋英华等人[43]首先考虑了网络舆论的正负向传播情况,构建了 SCIR 模型,并利用多主体模型分别仿真了正面信息和负面信息的传播路径,考虑了互联网用户的主页效应和异质性,模拟了舆论的传播过程。李园伟等人[44]融合了改进的传染病模型和 Deffuant

观点交互模型,进行基于多主体的在线口碑信息传播建模。研究发现消费者接受意愿、权威度以及网络平均度与口碑信息传播速度与规模成正相关。

综上所述,传染病模型和多主体模型在信息传播中各有优势,且均为成熟的建模仿真方法,为我们深入理解社交网络中信息传播的规律性和复杂性提供了有力工具。通过构建和模拟信息传播模型,我们能够更好地揭示信息传播过程中的主体行为、交互机制和影响因素,从而为信息传播控制、舆情管理等领域提供有效的决策支持。

(2) 社交广告的交互建模

通过对信息衍生及多条信息传播影响机制的研究,学者们也取得了一定的成果。Liu 等人[45]为引入双信息进行交互竞争,以经典 SIR 模型为基础上,构建了含有犹豫态的 SHIR 模型。结果表明,在交互传播过程中,具有较大转移概率的信息占据绝对优势。Kermani 等人[46]用博弈模型模拟了复杂网络上信息竞争传播的场景,研究结果表明网络结构特征以及节点度是影响信息在网络上传播的重要因素。Yang 等人[47]则从网络结构入手,建立了多层社交网络,并模拟了竞争信息在多层网络机制下的传播情况,结果同样表明,节点度是传播效果的重要影响因素。

另外的视角是研究两阶段的信息传播过程。对于产品信息的扩散来说,可以从用户对于信息的接纳时间来区分不同的阶段。Hewing[48]从个体层面出发将用户对信息的采纳过程分为感知和购买两个阶段,分别考虑口碑和价格因素,在效用理论的基础上建立了一个两阶段采纳过程模型。Chanda 和 Das[49]以多代高技术产品为对象,考虑营销和口碑因素对积极感知群体形成阶段的影响,并考虑价格因素对购买群体形成阶段的影响,建立两阶段需求扩散模型。Dimara 和 Skuras[50]以新生产品为研究对象,重点关注用户初次了解产品信息时的动向,划分为"了解产品存在和评估产品信息"两个阶段,建立了对应的两阶段传播模型。谢卫红等人[51]以食品安全信息的传播为对象,将传播用户划分为直接利益者和间接利益者,建立考虑两阶段重复感染的 SIR 模型,发现在潜伏期进行干预效果最好。

1.3.3　合作社交广告对渠道冲突的缓解作用

随着互联网的发展,跨渠道(Cross-channel)、多渠道(Multi-channel)和全渠道(Omni-channel)的供应链结构研究也越来越多。Beck 等[6]通过文献综述对多渠道、跨渠道和全渠道零售商和零售进行了分类,其中提出消费者可以跨渠道、在任何时间、任何地点购物的多渠道零售通常被称为全渠道零售。但随着社交媒体的迅速发展,关于将社交媒体渠道纳入供应链系统的研究还不够成熟,本书将尝试在供应链的需求函数中考虑社交媒体广告的影响效果,探究合作广告对电商渠道与传统渠道之间冲突的协调作用,从而启示企业间如何通过合作广告的形式加强合作、弱化竞争。

(1) 需求函数中的社交广告因素

为了研究广告的市场影响,一些文献尝试考虑在需求函数中纳入广告因素。Huang 等人[52]通过将价格、回扣、交货时间、空间、质量和广告六个方面的决策变量纳入需求函数中进行全面统计和调查,其中讨论了广告需求函数的性质以及优缺点;Teyarachaku[53]考虑了市场决定价格与决策者利润最大化两种场景,建立了一个运营与社交媒体营销界面的优化模型,并将社交媒体广告的影响纳入需求水平中,研究了社交媒体销售力量的作用及其对批量过程和定价的影响;Khorshidvand 等人[54]构建了一个考虑渠道价格、绿色产品政策和广告水平的多层次多渠道的供应链决策模型,对在线和传统两种渠道的情况运用三种不同的方法进行具体分析,并通过 NLP 模型进行辅助过渡。除了对社交媒体广告的定价策略研究外,目前在供应链中单独考虑社交媒体渠道的研究仍有所欠缺。

(2) 全渠道供应链的渠道选择

一般在供应链研究中,很多文献都设置了两层结构进行博弈分析,其中包括一个制造商向一个或多个零售商提供相同产品[55],并研究 Cournot、Stackelberg 和 Nash 等人的博弈模型。目前大部分供应链研究仍集中在双渠道供应链上,对两种渠道模式进行混合研究[56-58]。其中 Yao 等人[59]研究了传统零售渠道和线上渠道的 Bertrand 和 Stackelberg(制造商为领导者、零售商为跟随者)价格竞争模型,得出其均衡定价策略,并比较了这两种竞争下的利润收益情况。除此之外有文献对在供应链中考虑直销渠道的情形进行了相关研究,Chiang 等人[60]构建了制造商通过直销渠道与其独立零售商之间的定价博弈模式,研究发现制造商仅通过引入直销渠道就可以增加其合作利润的协商份额。Dumrongsiri 等人[61]构建了一个制造商和一个零售商在直销渠道和传统零售渠道的双渠道供应链,研究发现在集中决策下,制造商添加直销渠道将增加整体利润。赵连霞等人[13]构建了制造商网络直销渠道,零售商线上渠道以及传统销售渠道两种渠道的供应链定价决策模型,同时研究集中决策以及分散决策进行 Stackelberg 竞争下,制造商与零售商共享网络直销利润的决策,研究发现在合理的利润共享条件下,制造商倾向于开拓网络直销渠道,并且经研究发现以此能提升整个供应链系统的利润。以上文献研究均发现制造商增加网络直销渠道能够提升利润,因此,除了传统零售渠道外,本书将考虑纳入直销渠道以提升供应链整体的利润。

(3) 合作社交广告对渠道冲突的缓解作用

随着电子商务的发展,许多企业在传统零售渠道的基础上,往往会建立线上渠道对同一商品进行直销,此时在供应链中,制造商不仅仅是作为一个上游的供应商,同时也是和零售商在同一层次上的竞争对手,本书也考虑在供应链中纳入直销渠道。这种情况下,制造商凭借着自己的价格优势可以占据市场。当消费者对价格敏感时,一些本来选择传统渠道的消费者也可能转移到在线渠道购买,从而导致了制造商和零售商之间的渠道冲突[62],因此在多渠道链中供应链协调是一个重要问题。为了协调渠道冲突,企业可以通过合作广告的形式加强合作、弱化竞争。关于合作广告的理论研究,Berger[63]首次尝试通过定量化对合作广告进行分析。易余胤[64]研究发现合作广告策略极大地提升了闭环供应链的渠道运作效率。Chen[65]、Xie等人[66]、钱萍萍等人[67]研究了线上渠道和线下渠道的双渠道供应链的合作广告协调问题。此外,Li等人[68]在双渠道供应链的基础上加入了一个新渠道BOPS,即"线上购买、店内取货"模式,研究了在线渠道、线下渠道和BOPS渠道下合作广告对最优合作广告和定价决策的影响。也有文献等资料对不同情形下的合作广告进行了研究。许明辉等人[69]研究了"一个供应商和一个制造商"和"一个供应商和两个广告竞争的制造商"两种情形下的动态合作广告策略。Taleizadeh等人[70]对Nash、Stackelberg(制造商为领导者)、Stackelberg(零售商为领导者)、合作广告四种不同关系下制造商和零售商进行了分析研究。部分文献对于不同类型的合作广告做了进一步研究,Szmerekovsky等人[71]构建了一个制造商和一个零售商的两阶段供应链模型,研究了Stackelberg博弈下的定价决策和广告决策,分析结果表明制造商选择和零售商合作地方性广告带来的效益并不高,更应该自己投放全国性广告,并给予零售商更低的批发价格。Wang等人[72]建立了博弈论模型,讨论了由一个制造商和两个竞争零售商组成的双通道供应链中的三种广告方案(品牌广告、联合广告、品牌广告的成本分担),分析表明联合广告会损害线下零售商的利益,而该研究提出的品牌广告的成本分担模式有机会使得全部人受益。在多渠道供应链中,渠道需求会受不同渠道价格和广告的影响,因此制定合适的合作广告策略对提升渠道成员的收益水平和降低渠道冲突十分重要。

1.4 本章小结

本章通过引入社交广告的发展以及现实需求,阐述了社交媒体营销时代的到来使消费者消费方式和企业营销模式发生的改变。然后,重点介绍了社交媒体平台的社交电商的发展,重构了企业供应链中"人货场"三者之间的关系,促进了企业发展全渠道供应链。随后,本章阐述了社交广告的影响因素、社交广告传播的交互机制,以及考虑合作社交广告情景下对渠道冲突的缓解作用三方面的相关研究,为企业更好地适应社交广告时代提供了理论依据。

参考文献

[1] TSIMONIS G, DIMITRIADIS S, OMAR S. An integrative typology of relational benefits and costs in social media brand pages[J]. International journal of market research, 2020, 62(2): 216-233.

[2] HAJLI N. Social commerce constructs and consumer's intention to buy[J]. International journal of information management, 2015, 35(2): 183-191.

[3] STEPHEN A T, TOUBIA O. Deriving value from social commerce networks[J]. Journal of marketing research, 2010, 47(2): 215-228.

[4] HUDDERS L, DE JANS S, DE VEIRMAN M. The commercialization of social media stars: a literature review and conceptual framework on the strategic use of social media influencers[M]//BORCHERS N S. Social media influencers in strategic

communication. New York: Routledge, 2021: 24-67.

[5] DE VEIRMAN M, HUDDERS L, NELSON M R. What is influencer marketing and how does it target children? A review and direction for future research[J]. Frontiers in psychology, 2019, 10: 2685.

[6] BECK N, RYGL D. Categorization of multiple channel retailing in Multi-, Cross-, and Omni-Channel Retailing for retailers and retailing[J]. Journal of retailing and consumer services, 2015, 27: 170-178.

[7] CAI Y-J, LO C K. Omni-channel management in the new retailing era: A systematic review and future research agenda[J]. International journal of production economics, 2020, 229: 107729.

[8] GALLINO S, MORENO A. Integration of online and offline channels in retail: The impact of sharing reliable inventory availability information[J]. Management science, 2014, 60(6): 1434-1451.

[9] CAO J, SO K C, YIN S Y. Impact of an "online-to-store" channel on demand allocation, pricing and profitability[J]. European journal of operational research, 2016, 248(1): 234-245.

[10] GAO F, SU X M. Omnichannel retail operations with buy-online-and-pick-up-in-store [J]. Management Science, 2017, 63(8): 2478-2492.

[11] WEBB K L, LAMBE C J. Internal multi-channel conflict: An exploratory investigation and conceptual framework[J]. Industrial marketing management, 2007, 36(1): 29-43.

[12] RANJAN A, JHA J. Pricing and coordination strategies of a dual-channel supply chain considering green quality and sales effort[J]. Journal of cleaner production, 2019, 218: 409-424.

[13] 赵连霞,程明宝.基于制造商销售渠道选择的供应链定价策略研究[J].系统工程理论与实践,2016,36(9):2310-2319.

[14] CHEN T-H. Effects of the pricing and cooperative advertising policies in a two-echelon

dual-channel supply chain[J]. Computers & industrial engineering, 2015, 87: 250-9.

[15] LI M L, ZHANG X M, DAN B. Cooperative advertising and pricing in an O2O supply chain with buy-online-and-pick-up-in-store[J]. International transactions in operational research, 2021, 28(4): 2033-2054.

[16] LIN C-T, HONG W-C, CHEN Y-F, et al. Application of salesman-like recommendation system in 3G mobile phone online shopping decision support[J]. Expert systems with applications, 2010, 37(12): 8065-8078.

[17] ZHANG Y Y, JIAO J R. An associative classification-based recommendation system for personalization in B2C e-commerce applications[J]. Expert systems with applications, 2007, 33(2): 357-367.

[18] SHAMBOUR Q, LU J. A hybrid trust-enhanced collaborative filtering recommendation approach for personalized government-to-business e-services[J]. International journal of intelligent systems, 2011, 26(9): 814-843.

[19] MASWERA T, EDWARDS J, DAWSON R. Recommendations for e-commerce systems in the tourism industry of sub-Saharan Africa[J]. Telematics and informatics, 2009, 26(1): 12-19.

[20] LÓPEZ-NORES M, BLANCO-FERNÁNDEZ Y, PAZOS-ARIAS J J, et al. Automatic provision of personalized e-commerce services in Digital TV scenarios with impermanent connectivity[J]. Expert systems with applications, 2011, 38(10): 12691-12698.

[21] REN N, LI Q. Research on the Trust Model Based on the Groups' Internal Recommendation in E-Commerce Environment[J]. Journal of software engineering and applications, 2009, 2: 283.

[22] 刘建国,周涛,汪秉宏. 个性化推荐系统的研究进展[J]. 自然科学进展, 2009, 19(1): 1-15.

[23] XU Y H, GUO X T, HAO J X, et al. Combining social network and semantic concept analysis for personalized academic researcher recommendation[J]. Decision support

systems,2012,54(1):564-573.

[24] ARMENTANO M G, GODOY D, AMANDI A. Topology-based recommendation of users in micro-blogging communities[J]. Journal of computer science and technology, 2012, 27(3):624-634.

[25] BONHARD P, SASSE M. "Knowing me, knowing you"—Using profiles and social networking to improve recommender systems[J]. BT technology journal, 2006, 24(3):84-98.

[26] GUY I, CARMEL D. Social recommender systems[C]//Proceedings of the 20th international conference companion on World wide web. New York: ACM, 2011: 283-284.

[27] WALTER F E, BATTISTON S, SCHWEITZER F. A model of a trust-based recommendation system on a social network[J]. Autonomous agents and multi-agent systems, 2008, 16(1): 57-74.

[28] ARAZY O, KUMAR N, SHAPIRA B. Improving social recommender systems[J]. IT professional, 2009, 11(4): 38-44.

[29] LEE S S, CHEN H, LEE Y-H. How endorser-product congruity and self-expressiveness affect Instagram micro-celebrities' native advertising effectiveness[J]. Journal of product & brand management, 2022, 31(1): 149-162.

[30] ZHU H Y, KIM M, CHOI Y K. Social media advertising endorsement: the role of endorser type, message appeal and brand familiarity[J]. International Journal of Advertising, 2022, 41(5): 948-969.

[31] 刘通,黄敏学,余正东. 心理协同视角下的计算广告:研究述评与展望[J]. 外国经济与管理,2022,44(7):101-125.

[32] LEE J Y, SUNDAR S S. To tweet or to retweet? That is the question for health professionals on Twitter[J]. Health communication, 2013, 28(5): 509-524.

[33] BOERMAN S C, MÜLLER C M. Understanding which cues people use to identify influencer marketing on Instagram: an eye tracking study and experiment[J].

International journal of advertising, 2022, 41(1): 6-29.

[34] CHEN L. Social media influencers and followers: Theorization of a trans-parasocial relation and explication of its implications for influencer advertising[J]. Journal of advertising, 2022, 51(1): 4-21.

[35] 崔庆安,王亚茹.多维情境下社交电商用户消费意愿与购买行为决策研究:以"小红书"用户作为数据收集对象的分析[J].价格理论与实践,2020,(12):95-8,163.

[36] 王亚妮,王君,姚唐.社会化商务社区中用户信息处理行为影响研究:基于眼动实验的比较分析[J].情报科学,2022,40(4):138-146.

[37] FAN Z P, HU W, LIU W, et al. Research on the model of word-of-mouth communication in social networks based on dynamic simulation[C]//HASSANIEN A E, XU Y, ZHAO Z, et al. International conference on business intelligence and information technology. Cham: Springer, 2022: 537-546.

[38] RAN M J, CHEN J C. An information dissemination model based on positive and negative interference in social networks[J]. Physica A: statistical mechanics and its applications, 2021, 572: 125915.

[39] 周福礼,叶正梗.基于SIR-HCA模型的自主品牌汽车企业负面口碑扩散研究[J].计算机集成制造系统,2021,27(12):3669-3681.

[40] 王明珠,郭林江,刘怡君.考虑网民心理因素的网络舆情干预时机研究[J].中国管理科学:1-16.

[41] 王润,赵军.基于多Agent和改进Deffaunt模型的信息传播建模与仿真[J].计算机系统应用,2021,30(2):237-242.

[42] 邹晓彤,伍京华.基于Agent情感劝说的口碑传播影响因素研究:基于系统动力学视角[J].软科学,2022,36(12):135-144.

[43] 宋英华,夏亚琼,方丹辉,等.基于改进SIR的正负面网络舆情信息传播模型与仿真[J].计算机应用研究,2021,38(11):3376-3381.

[44] 李园伟,赵军.基于多Agent的在线口碑信息传播建模与仿真[J].计算机仿真,2023,40

(4):427-433,438.

[45] LIU Y, DIAO S-M, ZHU Y-X, et al. SHIR competitive information diffusion model for online social media[J]. Physica A: statistical mechanics and its applications, 2016, 461: 543-553.

[46] KERMANI M A M A, ARDESTANI S F F, ALIAHMADI A, et al. A novel game theoretic approach for modeling competitive information diffusion in social networks with heterogeneous nodes[J]. Physica A: statistical mechanics and its applications, 2017, 466: 570-582.

[47] YANG D, CHOW T W, ZHONG L, et al. The competitive information spreading over multiplex social networks[J]. Physica A: statistical mechanics and its applications, 2018, 503: 981-990.

[48] HEWING M. A theoretical and empirical comparison of innovation diffusion models applying data from the software industry[C]//PICMET 2010 technology management for global economic growth. New York: IEEE, 2010:1-10.

[49] CHANDA U, DAS S. Multi-stage diffusion dynamics in multiple generation high technology products[J]. The journal of high technology management research, 2015, 26(1): 88-104.

[50] DIMARA E, SKURAS D. Adoption of agricultural innovations as a two-stage partial observability process[J]. Agricultural economics, 2003, 28(3): 187-196.

[51] 谢卫红,杨超波,朱郁筱.食品安全网络舆情的重复感染 SIR 模型研究[J].系统工程学报,2022,37(2):145-160.

[52] HUANG J, LENG M M, PARLAR M. Demand functions in decision modeling: a comprehensive survey and research directions[J]. Decis Sci, 2013, 44(3): 557-609.

[53] TEYARACHAKU S P. An optimal model at the interface of operations with social media marketing[J]. Operations and supply chain management, 2018, 11(4): 226-236.

[54] KHORSHIDVAND B, SOLEIMANI H, SIBDARI S, et al. Revenue management in a

multi-level multi-channel supply chain considering pricing, greening, and advertising decisions[J]. Journal of retailing and consumer services, 2021, 59:102425.

[55] YANG S L, ZHOU Y W. Two-echelon supply chain models: Considering duopolistic retailers' different competitive behaviors [J]. International journal of production economics, 2006, 103(1): 104-116.

[56] XU G Y, QIU H G. Pricing and Distribution Strategies in a Dual-Channel Supply Chain [J]. International Journal of information systems and chain management, 2020, 13(3): 23-37.

[57] KUMAR N, RUAN R. On manufacturers complementing the traditional retail channel with a direct online channel[J]. Quantitative marketing and economics, 2006, 4(3): 289-323.

[58] ZHANG R, LIU B, WANG W L. Pricing decisions in a dual channels system with different power structures[J]. Economic modelling, 2012, 29(2): 523-533.

[59] YAO D Q, LIU J J. Competitive pricing of mixed retail and e-tail distribution channels [J]. Omega, 2005, 33(3): 235-247.

[60] CHIANG W Y K, CHHAJED D, HESS J D. Direct-marketing, indirect profits: A strategic analysis of dual-channel supply-chain design[J]. Management science, 2003, 49(1): 1-20.

[61] DUMRONGSIRI A, FAN M, JAIN A, et al. A supply chain model with direct and retail channels[J]. European journal of operational research, 2008, 187(3): 691-718.

[62] 陈国鹏,张旭梅,肖剑. 在线渠道折扣促销下的双渠道供应链合作广告协调研究[J]. 管理工程学报,2016,30(4):203-209.

[63] BERGER P D. VERTICAL COOPERATIVE ADVERTISING VENTURES [J]. Journal of marketing research, 1972, 9(3): 309-312.

[64] 易余胤. 具广告效应的闭环供应链协调性能研究[J]. 中国管理科学,2013,21(2):76-83.

[65] CHEN T H. Effects of the pricing and cooperative advertising policies in a two-echelon dual-channel supply chain[J]. Computers & industrial engineering, 2015, 87: 250-259.

[66] XIE J P, LIANG L, LIU L H, et al. Coordination contracts of dual-channel with cooperation advertising in closed-loop supply chains [J]. International journal of production economics, 2017, 183: 528-538.

[67] 钱萍萍,严磊,李敏. 不同决策模式下的双渠道供应链合作广告博弈分析[J]. 运筹与管理,2019,28(4):42-47.

[68] LI M L, ZHANG X M, DAN B. Cooperative advertising and pricing in an O2O supply chain with buy-online-and-pick-up-in-store[J]. International transactions in operational research, 2021, 28(4): 2033-2054.

[69] 许明辉,刘晚霞. 制造商竞争环境下基于要素品牌战略的动态合作广告研究[J]. 管理工程学报,2019,33(03):162-169.

[70] TALEIZADEH A A, CHERAGHI Z, CÁRDENAS-BARRÓN L E, et al. Studying the Effect of Noise on Pricing and Marketing Decisions of New Products under Co-op Advertising Strategy in Supply Chains: Game Theoretical Approaches [J]. Mathematics, 2021, 9(11):1222.

[71] SZMEREKOVSKY J G, ZHANG J. Pricing and two-tier advertising with one manufacturer and one retailer[J]. European journal of operational research, 2009, 192(3): 904-917.

[72] WANG N N, ZHANG T, FAN X J, et al. Game theoretic analysis for advertising models in dual-channel supply chains[J]. International journal of production research, 2020, 58(1): 256-270.

第 2 章

信息传播理论与模型

2.1 信息传播理论

2.1.1 信息采纳理论

信息采纳理论(IAM)是 Sussman 和 Siegel[1]在融合详尽可能性模型(ELM)和技术接受模型(TAM)的核心理念后所提出的重要理论框架。该理论旨在深度剖析个体在信息传递过程中对信息的采纳行为及其背后的影响因素。IAM 的核心观点强调,个体是否采纳信息,主要受其对信息有用性的认知及态度的驱动。这一理论为我们理解个体信息采纳行为提供了有力的理论支撑,有助于我们更好地把握信息传播过程中的关键因素,进而优化信息传播策略和提升信息采纳效率。在这一过程中,信息的质量和来源的可信度发挥着举足轻重的作用。具体来说,当信息质量处于上乘时,个体往往倾向于给予更高的有用性评价,从而增强采纳的意愿;同理,若信息来源被视作可信,个体对信息有用性的评估也会相应提升,进而增加采纳的可能性。

来源可信度理论是传播学中的一个核心理论,它强调信息的有效性在很大程度上取决于信息源的"专业性"和"可信度"这两个关键因素。专业性是指信息源所具备的知识和专业技能,这些能力和素质使得信息源能够提供准确、有价值的信息。而可信度则为一个更为广泛的概念,它涉及信息源的诚实和道德水平,以及提供客观、公正信息的能力。具体来说,一个具备高度专业性的信息源不仅会遵守道德规范和法律法规,还会尽力避免偏见和主观臆断,能够凭借其深厚的行业知识和丰富的经验,为受众提供高质量的信息内容。这种专业性不仅体现在对信息的准确理解和解读上,还表现在对信息内容的深入分析和独到见解上。这种专业性的信息源往往能够获得受众的信任和认可,从而增强信息的说服力[2]。随着理论发展,学者们认为来源可信度还受到信息的吸引力[3]和互动性[4]影响。

除了来源可信度之外,广告内容的信息价值也是用户感知信息可信度的重要考量因素[5]。具体来说,广告信息的实用价值和娱乐价值在塑造消费者信任水平方面扮演着不可或缺的角色。实用价值主要体现在广告内容所传递的信息能够满足消费者的实际需求,帮助他们做出明智的购买决策。当广告提供准确、有用的产品信息时,消费者更容易对信息的可靠性做出有效判断,从而建立起对广告的信任。这种信任不仅有助于提升品牌形象,还能促进消费者的购买意愿和忠诚度。娱乐价值则是指广告内容能够带给消费者的愉悦感和享受程度。一个具有创意和趣味性的广告往往能够吸引消费者的注意力,让他们更愿意接受并传播广告信息。通过对娱乐元素的巧妙运用,广告可以在轻松愉快的氛围中传递产品信息,降低消费者的抵触心理,提高信息的接受程度和接受意愿。

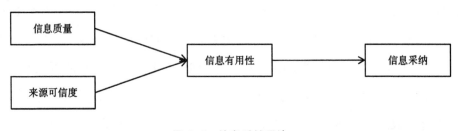

图 2-1 信息采纳理论

2.1.2 准社会互动及准社会关系理论

信息采纳理论为广告的作用机制提供了深入的解析,然而,它确实尚未触及用户和广告发布者之间关系建立过程的细节。近年来,为了更全面地理解影响者与用户之间的关系构建,研究者们开始探索并引入准社会互动、准社会关系等传播学理论。

准社会互动(Para-social Interaction,PSI)指受众与媒体人物之间通过媒介内容所形成的一种特殊的互动关系[6],它创造了消费者与目标影响者的想象或真实互动,包括点赞、评论、转发等[7]。植入式广告传播中,这种互动有助于增强用户对广告发布者的认知和情感联系,从而提高广告效果。准社会关系(Para-social Relationship,PSR)进一步强调了受众与媒体人物之间基于媒介内容所形成的情感纽带和认同。当广告发布者能够成功地与受众建立准社会关系时,受众往往更容易对其产生信任,进而接受其广告信息[8]。"用户—影响者"关系也可以用准社会关系概念来解释。影响者通过社会化媒体平台开展活动,与消费者之间形成了一种独特的互动模式——准社会互动。这种互动主要发生在社会化媒体平台上,通过评论、点赞或分享影响者的社交媒体帖子等形式表现出来。在这种互动中,消费者对影响者的感知逐渐形成,而影响者的自我呈现方式则对这种感知起到了关键作用。影响者通过社会化媒体平台与消费者进行准社会互动,通过自我呈现增强消费者的感知真实性,进而提升信任度和亲密感。这种互动和关系建立的过程,不仅加强了消费者与影响者之间的联系,还为营销活动的成功打下了坚实的基础[9]。

准社会互动与准社会关系理论为进一步明晰影响者营销的作用机制带来了全新视角。影响者与消费者之间在社会化媒体平台上的互动,对消费者的购买决策具有深远影响。这种互动不仅仅局限于传统的交流,而且通过准社会互动的形式得以深化。准社会互动不仅提升了消费者与影响者之间的情感联系,还进一步影响了消费者的购买意愿。与此同时,随着这种互动的加深,消费者与影响者之间逐渐建立起一种准社会关系,这种关系为感知可信度的建立奠定了坚实基础[9]。社会化媒体平台作为当代消费者与影响者沟通的重要桥梁,极大地突破了时空的限制,使得消费者和影响者能够随时随地展开互动[10]。影响者营销之所以能够取得成功,其核心原因就在于影响者与消费者之间建立起来的这种准社会关系。

2.2 经典信息传播模型

信息传播建模研究在社交网络中占据重要地位,它主要聚焦于信息传播模式、舆论的传播以及信息传播的监控等方面。在信息传播过程中,最终传播范围无疑是最受关注的问题。对于有利信息,我们自然期望其传播范围越广越好,以便使其影响力最大化;而对于不利信息,如谣言或负面舆论,我们则更加关注如何减小其影响,避免造成不良后果。

为了更好地理解和应对信息传播,我们需要深入研究网络传播动力学。这不仅有助于我们跟踪事件的演变,还能为优化商业行为提供有力支持。学者们为此提出了各种模型来刻画信息传播过程,这些模型大多由三种经典模型发展而来:独立级联模型(Independent Cascade Model,ICM)、线性阈值模型(Linear Threshold Model,LTM)以及现在广泛使用的传染病模型(Infectious Disease Model)。独立级联模型和线性阈值模型假设网络具有固定的静态结构,它们从微观的网络连接和用户间关系入手,研究信息如何在网络中动态传播。这些模型有助于我们理解信息传播的基本机制,预测信息在特定网络结构中的传播路径和范围。

而传染病模型则不需要设定网络结构,它基于用户交互来模拟信息传播过程。这种模型更加注重宏观效应,通过分析用户之间的交互行为,预测信息传播的规模和速度。传染病模型在社交媒体等动态网络环境中具有广泛的应用价值，能够帮助我们更好地理解和应对信息传播带来的挑战。通过对这些模型的研究，我们可以更深入地了解信息在社交网络中的传播机制，为控制信息传播范围、优化传播策略提供有力的理论支持。

2.2.1 独立级联模型

独立级联模型是由 Goldenberg 等人[11,12]提出的一种概率模型，它最早被用于研究营销问题。独立级联模型把节点划分为两类，一类是传播信息的激活节点（active），另一类是待激活节点（inactive）。该模型假设在每一轮时间内，每个激活节点只有一次机会去尝试激活待激活的邻居节点。独立级联模型以逐级传播的方式刻画信息传播过程，并且假设在传递的过程中，各节点是彼此独立的。在该模型中，每个节点向未被激活的节点发送消息的概率是一个重要的问题，所以大量的研究工作都集中在对真实数据的传输概率进行估算[13]。目前，独立级联模型被学者广泛应用于传播规模的最大、最小化问题[14,15]，通过设定不同的级联模型[16]，考虑随时间动态变化的传播机制[17]，用以模拟实际传播情况。

2.2.2 线性阈值模型

线性阈值模型与独立级联模型对于节点的状态有着相同的定义，不同的是，在线性阈值模型中，待激活节点是否进行转变是以阈值进行判定的。线性阈值模型能够较好地描述集体行为，该模型的主要思想在于，网络中的个体往往会展现出从众效应，即他们会根据邻居节点的行为来做出自己的决策。线性阈值模型确实与独立级联模型在关注点上有所不同。独立级联模型更多地关注信息的发送者及其发送信息的行为,而线性阈值模型则侧重于信息接收者及其受到影响的决策过程。在线性阈值模型中,每个节点或用户都有一个激活阈值,这个阈值决定了用户受到其邻居节点中活跃节点状态影响的程度,进而影响了用户是否采用或传播信息。近年来,学者们基于线性阈值模型进行了诸多改进和扩展,其中之一就是加入记忆机制来推广阈值模型[18,19]。这些改进使得模型能够更准确地描述用户在实际网络中的信息传播行为。

2.2.3 传染病模型

传染病模型是一种基于数学和统计学原理的方法,用于描述传染病在人群中的传播过程和演化规律。这个模型通过数学的方式描述传染病的传播过程,为研究者提供了一种理解和预测疾病的传播动态的有效工具。随后,学者们基于这一基础,不断提出各种新的模型,以解释不同传染病的传播过程,并将其应用于更广泛的领域。在线社交网络中,信息的传播模式与传染病的传播过程具有许多相似之处。两者都涉及个体之间的相互作用和信息的传递,都受到网络结构、个体行为以及外部环境等多种因素的影响。因此,传染病数学模型被广泛应用于在线社交网络中的信息传播研究。

传染病模型通过设定不同的仓室来表示用户或节点的不同状态,常见的状态包括:易感染状态(susceptible)、感染状态(infected)、免疫状态(recovered)。根据网络节点的状态划分,主要的模型有 SI、SIS 和 SIR 模型。传染病模型假设任意节点间连接概率都相同,即网络为随机网络。这种假设简化了模型,使得我们能够更容易地分析和理解信息传播的动力学。然而,在实际的网络中,个体之间的联系往往是非随机的,可能受到各种因素的影响,如社交关系、兴趣爱好等。因此,为了更准确地描述实际网络中的信息传播过程,我们需要进一步研究更复杂的模型,并考虑更多的因素。

(1) SI 模型

SI 模型是最基础的传播动力学模型,适用于患病后无法治愈的传染病。由于节点激活后无法再次回到待激活状态,SI 模型与级联模型和阈值模型假设条件最为类似。每个单位时间内,感染节点接触易感染邻居,以 β 的感染率进行传播。SI 模型的微分方程如下,其中 $\mathrm{d}S/\mathrm{d}t$ 表示易感染节点比例随时间的变化率,$\mathrm{d}I/\mathrm{d}t$ 表示感染节点比例随时间的变化率。β 是感染率,表示每个感染节点在每个时间步长内成功感染其易感染邻居的概率。

$$\frac{\mathrm{d}S}{\mathrm{d}t} = -\frac{\beta I_{(t)} S_{(t)}}{N} \tag{2-1}$$

$$\frac{\mathrm{d}I}{\mathrm{d}t} = \frac{\beta I_{(t)} S_{(t)}}{N} \tag{2-2}$$

对此类方程,可以利用 matlab 编写 SI 函数,其中 t 为持续时间,x 为二维矩阵,包括感染者和易感者,常数 $N=$ 总人口 $S_{(t)}+I_{(t)}$。SI 函数能够通过可以调整设置的参数调用,故对于此微分方程的求解,可以利用 matlab 内建的函数 ode45,来进行求解与结果呈现。代码模块如下代码 2-1:

```
function dy = SI(t,x)
beta = 0.1;      %感染率
dy = beta * x * (1-x);
[t,h] = ode45(@SI,[0 120],0.01);      %0.01 为初始感染人口占比
plot(t,h,'r');
hold on;
plot(t,1-h,'g');
legend('感染人口占比 I','易感染人口占比 S');
title('SI Model')
```

代码 2-1　SI 模型的 matlab 实现

当感染率为 0.1,初始感染人口占比为 0.01% 时,SI 模型的图像如图 2-2:

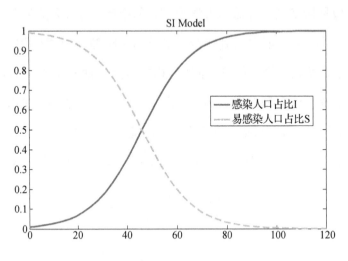

图 2-2　SI 模型图

(2) SIS 模型

SIS 模型描述了可以治愈,但会反复感染的情况。与 SI 模型类似,假设每个单位时间以一定的感染率进行传播,但增加了已感染节点以概率 γ 恢复为易感染状态的路径。SIS 模型的动态行为受到感染率 β 和恢复率 γ 的共同影响。当 β 较大而 γ 较小时,感染将更容易传播并持续存在;而当 γ 较大时,感染将更容易被控制并最终消失。因此,在实际应用中,需要根据具体情况调整这些参数以更准确地描述传播过程。SIS 模型可以表示为如下微分方程的形式:

$$\frac{dS}{dt} = -\frac{\beta I_{(t)} S_{(t)}}{N} + \gamma I_{(t)} \tag{2-3}$$

$$\frac{dI}{dt} = \frac{\beta I_{(t)} S_{(t)}}{N} - \gamma I_{(t)} \tag{2-4}$$

同上，利用 matlab 编写 SIS 函数，其中 t 为持续时间，x 为二维矩阵，包括感染者和易感者，常数 $N=$ 总人口 $S_{(t)}+I_{(t)}$。利用 matlab 内建的函数 ode45，来进行求解与结果呈现。代码模块如代码 2-2：

```
function dy = SIS(t,x)
beta = 0.1;      %感染率
gamma = 0.02;    %治愈率
dy = beta * x * (1 - x) - gamma * x;
[t,h] = ode45(@SIS,[0 120],0.01);    %0.01 为初始感染人口占比
plot(t,h,'r');
hold on;
plot(t,1-h,'g');
legend('感染人口占比 I','易感染人口占比 S');
title('SIS Model')
```

代码 2-2 SIS 模型的 matlab 实现

当感染率为 0.1，治愈率为 0.02，初始感染人口占比为 0.01% 时，SIS 模型的图像如图 2-3：

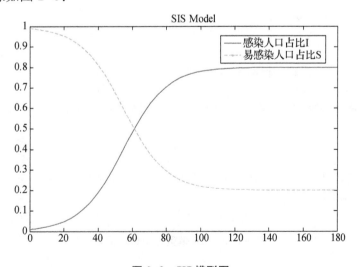

图 2-3 SIS 模型图

(3) SIR 模型

SIR 模型特别适用于描述那些患病后可以获得免疫力或因病去世从而不再考虑其疾病传播的情况。SIR 模型同样服从于传染病模型的基本假设,但增加了免疫人群 R 来体现退出感染循环的节点,具体可以用以下公式表示:

$$\frac{\mathrm{d}S}{\mathrm{d}t}=-\frac{\beta I_{(t)} S_{(t)}}{N} \tag{2-5}$$

$$\frac{\mathrm{d}I}{\mathrm{d}t}=\frac{\beta I_{(t)} S_{(t)}}{N}-\gamma I_{(t)} \tag{2-6}$$

$$\frac{\mathrm{d}R}{\mathrm{d}t}=\gamma I_{(t)} \tag{2-7}$$

同上,利用 matlab 编写 SIR 函数,其中 t 为持续时间,x 为三维矩阵,包括感染者、易感者和免疫者,N 为总人口数。利用 matlab 内建的函数 ode45,来进行求解与结果呈现。代码模块如代码 2-3:

```
function dy = SIR(t,x)
beta = 0.1;      %感染率
gamma = 0.02;    %治愈率
dy = [beta * x(1) * x(2) - gamma * x(1);
    - beta * x(1) * x(2)];
[t,h] = ode45(@SIR,[0 300],[0.01 0.99]);    %[初始感染人口占比 初始健康人口占比]
plot(t,h(:,1),'r',t,h(:,2),'b');
hold on;
plot(t,1-h(:,2),'g');
legend('已感染人口占比 I','易感染人口占比 S','治愈人口占比 R'));
title('SIR Model')
```

代码 2-3　SIR 模型的 matlab 实现

当感染率为 0.1,治愈率为 0.02,初始感染人口占比为 0.01% 时,SIR 模型的图像如图 2-4：

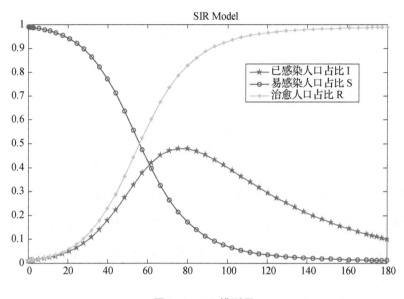

图 2-4　SIR 模型图

（4）SEIR 模型

为研究信息在社交网络的传播，研究人员基于传染病模型又创建了许多信息传播模型。如果某类传染病具有潜伏期，即易感染者在接触患病者后不会立即发病，而是在一段时间内成为病原体的携带者，那么传统的 SIR 模型就无法准确描述该传染病的传播特征。为了更好地模拟这种情况，引入了 SEIR 模型。SEIR 模型在 SIR 模型的基础上引入了潜伏者（E，Exposed），代表那些已经接触到病原体但还未发病的人群。在植入式广告传播中，则对应着那些看到了广告但还没有做出行动的用户。在 SEIR 模型中，总人群被划分为四个类别：S、E、I 和 R。SEIR 模型同样基于 SIR 模型的三个假设：传染病是通过直接接触传播，总人口数量保持恒定，传染病无法治愈。其微分方程组如下：

$$\frac{dS}{dt} = -\frac{\beta I_{(t)} S_{(t)}}{N} \tag{2-8}$$

$$\frac{dE}{dt} = \frac{\beta I_{(t)} S_{(t)}}{N} - \sigma E_{(t)} \tag{2-9}$$

$$\frac{dI}{dt} = \sigma E_{(t)} - \gamma I_{(t)} \tag{2-10}$$

$$\frac{dR}{dt} = \gamma I_{(t)} \tag{2-11}$$

同上,利用 matlab 编写 SEIR 函数,其中 t 为持续时间,x 为四维矩阵,包括感染者、潜伏者、易感者和免疫者,N 为总人口数。利用 matlab 内建的函数 ode45,来进行求解与结果呈现。代码模块如代码 2-4:

```
function dy = SEIR(t,x)
beta = 0.1;           %感染率
gamma1 = 0.05;        %潜伏期治愈率
gamma2 = 0.02;        %患者治愈率
alpha = 0.5;          %潜伏期转阳率
dy = [alpha * x(3) - gamma2 * x(1);
    - beta * x(1) * x(2);
    beta * x(1) * x(2) - (alpha + gamma1) * x(3);
    gamma1 * x(3) + gamma2 * x(1)];
[t,h] = ode45(@SEIR,[0 300],[0.01 0.98 0.01 0]);   %[初始感染人口占比 初始健康人口占比 初始潜伏人口占比 初始治愈人口占比]
plot(t,h(:,1),'r');
hold on;
plot(t,h(:,2),'b');
plot(t,h(:,3),'m');
plot(t,h(:,4),'g');
legend(('已感染人口占比 I','健康人口占比 S','潜伏人口占比 E','治愈人口占比 R');
title('SEIR Model')
```

代码 2-4　SEIR 模型的 matlab 实现

当感染率为 0.1,潜伏期治愈率为 0.05,患者治愈率为 0.02,潜伏期转阳率为 0.5,初始感染与初始潜伏人口占比为 0.01%,无初始治愈人口时,SEIR 模型的图像如图 2-5:

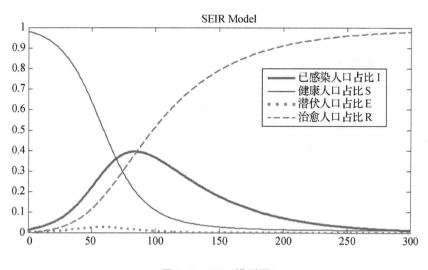

图 2-5　SEIR 模型图

对比可以看出,独立级联模型和线性阈值模型更聚焦于具体节点,其研究侧重于节点激活率的设置,而传染病模型是从信息传播的状态出发,具有较高的宏观可解释性。因此,传染病模型成为了信息传播中最常用的模型。传染病模型的研究核心在于通过调控关键参数来精细掌控广告的扩散态势。这些参数的变化,实质上是反映了不同的传播环境或营销策略对广告效果产生的深远影响。在深入探究广告信息在社交网络中的传播规律时,我们常用的一种研究方法就是调整模型参数,从而分析不同因素对广告传播效果的作用。因此,本文基于经典的 SEIR 传播模型,深入探究社交媒体平台上植入式广告的传播规律,旨在为企业提供科学有效的广告策略和建议。

2.3 多主体建模与仿真方法

2.3.1 多主体的概念

随着复杂理论的不断发展,"主体"这一概念逐渐浮现,并受到广泛关注。最初,主体这一概念主要应用于人工智能领域,用以描述能够自主行动的个体单元。如今,人们对于主体的理解已经更加深入和全面,普遍认为主体具有情境性、自治性和适应性等特征。

当我们将多个主体视为一个整体时,便形成了所谓的多主体系统。在这样的系统中,每个主体都拥有独特的属性,这些属性在深层次上展现出不同的特征值。通过合理利用规则,主体能够调整其在不同本质属性下的特征值,从而在宏观层面上对多主体系统的整体演化产生积极影响。基于主体的特性,它们具备交互和活动的能力。然而,在多主体系统中,并非所有主体都能活动。通常,那些不能活动的主体被视作环境或资源,在系统中发挥着支撑作用;而能活动的主体则代表了社会活动或经济活动的参与者,它们通过交互和活动推动着系统的运行和发展。

表2-1 传染病模型与多主体模型特点对比表

研究方法	传染病模型	多主体模型
是否决定性	确定性的	随机的
系统分析构造方式	自顶向下	自底向上
模型系统基本元素	基于方程	适应性主体

（续表）

研究方法	传染病模型	多主体模型
模拟结果对系统的意义	很难理解	有解释能力
系统参数数目	参数很少	参数很多
环境的角色	给定环境	产生环境

因此，多主体系统是一个由具有不同属性和特征值的主体构成的复杂网络。在这个网络中，主体之间通过交互和活动相互影响、相互制约，共同塑造着系统的动态演化过程。在植入式广告传播的研究中，主体是参与广告传播的行为主体，新用户、忠诚用户等均是活动主体，依靠自身的行为活动来影响广告传播的动态演化过程。

2.3.2 多主体建模与仿真思路

多主体仿真（Multi-agent Simulation）是从多主体理论角度出发，为复杂系统建立的仿真方法。这一理论的核心观点在于，系统中的每个个体都是独特且独立的，它们通过与周围其他个体或环境的交互，共同呈现出某种宏观现象。当多主体建模应用于实际研究的问题时，其基本思路非常清晰。首先，需要仔细观察所要研究的问题，明确其中的各个主体因素。接着，制定好模型需要解决的问题以及期望达到的目的，这是建模过程中的关键步骤。随后，基于这些信息和目标，建立相应的多主体模型。模型建立完成后，需要在多主体仿真平台上进行仿真运行，以模拟实际系统的行为和演化过程。通过对仿真结果的分析，可以验证所建模型的准确性和有效性，发现其中的不足之处，并进行相应的改进。这个过程可能需要反复进行，不断校验和优化模型，直至其满足预设的规则和要求。多主体建模仿真思路如图2-6所示：

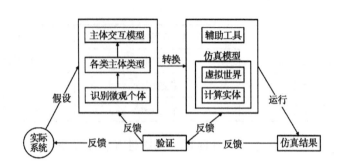

图 2-6 多主体建模仿真思路

多主体仿真的优势在于,它能够充分考虑系统中个体的异质性和独立性,以及它们之间的交互作用等方面。这使得多主体仿真成为一种非常有效的工具,可以用于研究各种复杂系统的行为和演化规律,如社会系统、经济系统、生态系统等。通过多主体仿真,我们可以更深入地理解这些系统的内在机制,预测其未来发展趋势,为决策提供科学依据。

2.4 本章小结

本章首先从用户角度介绍了信息传播过程中的相关理论,随后分别对信息传播建模方法、多主体仿真方法进行概述,为利用传染病模型的思想来搭建仿真模型提供理论支撑。

参考文献

[1] SUSSMAN S W, SIEGAL W S. Informational influence in organizations: an integrated approach to knowledge adoption[J]. Information systems research, 2003, 14(1): 47-65.

[2] HOVLAND C I, WEISS W. The influence of source credibility on communication

effectiveness[J]. Public opinion quarterly, 1951, 15(4): 635-650.

[3] OHANIAN R. Construction and validation of a scale to measure celebrity endorsers' perceived expertise, trustworthiness, and attractiveness[J]. Journal of advertising, 1990, 19(3): 39-52.

[4] 刘凤军,孟陆,陈斯允,等.网红直播对消费者购买意愿的影响及其机制研究[J].管理学报,2020,17(1):94-104.

[5] LOU C, YUAN S P. Influencer marketing: how message value and credibility affect consumer trust of branded content on social media[J]. Journal of interactive advertising, 2019, 19(1): 58-73.

[6] BROWN W J. Examining four processes of audience involvement with media personae: transportation, parasocial interaction, identification, and worship[J]. Communication Theory, 2015, 25(3): 259-283.

[7] DIBBLE J L, HARTMANN T, ROSAEN S F. Parasocial interaction and parasocial relationship: conceptual clarification and a critical assessment of measures[J]. Human Communication Research, 2016, 42(1): 21-44.

[8] HORTON D, WOHL R R. Mass communication and para-social interaction: observations on intimacy at a distance[J]. psychiatry, 1956, 19(3): 215-229.

[9] JIN S V, RYU E. Instagram fashionistas, luxury visual image strategies and vanity[J]. Journal of Product & Brand Management, 2019, 29(3): 355-368.

[10] REINIKAINEN H, MUNNUKKA J, MAITY D, et al. "You really are a great big sister"-parasocial relationships, credibility, and the moderating role of audience comments in influencer marketing[J]. Journal of marketing management, 2020, 36(3/4): 279-298.

[11] GOLDENBERG J, LIBAI B, MULLER E. Talk of the network: A complex systems look at the underlying process of word-of-mouth[J]. Marketing letters, 2001, 12: 211-223.

[12] GOLDENBERG J, LIBAI B, MULLER E. Using complex systems analysis to advance marketing theory development: Modeling heterogeneity effects on new product growth through stochastic cellular automata[J]. Academy of marketing science review, 2001, 9(3): 1-18.

[13] SAITO K, NAKANO R, KIMURA M. Prediction of information diffusion probabilities for independent cascade model[C]//Proceeding of the 12th international conference on knowledge-based and intelligent information and engineering systems. Berlin: Springer, 2008: 67-75.

[14] KEMPE D, KLEINBERG J, TARDOS É. Maximizing the spread of influence through a social network[C]//Proceedings of the ninth ACM SIGKDD international conference on Knowledge discovery and data mining. New York: ACM, 2003: 137-146.

[15] KIMURA M, SAITO K, NAKANO R. Extracting influential nodes for information diffusion on a social network[C]//Proceedings of the 22nd national conference on artificial intelligence-Volume 2. Vancouver: AAAI Press, 2007: 1371-1376.

[16] BRODER A, KUMAR R, MAGHOUL F, et al. Graph structure in the web[J]. Computer networks, 2000, 33(1-6): 309-320.

[17] 邵玉,陈崚,刘维. 独立级联模型下基于最大似然的负影响力源定位方法[J]. 计算机科学,2022,49(2):204-215.

[18] DODDS P S, WATTS D J. Universal behavior in a generalized model of contagion[J]. Physical review letters, 2004, 92(21): 218701.

[19] DODDS P S, WATTS D J. A generalized model of social and biological contagion[J]. Journal of theoretical biology, 2005, 232(4): 587-604.

第 3 章

社会网络分析理论与模型

3.1 复杂社会网络理论

3.1.1 复杂网络的概念

复杂网络(Complex Network)是一种由大量节点和节点之间的边组成的数学结构,具有自组织、自相似、小世界、无标度等部分或全部性[1]。在复杂网络的研究范畴内,各研究主体通常被抽象化为网络中的节点,而主体间的各种联系则表现为节点间的连边。这类网络结构呈现出两个显著特征:首先,网络中的节点数量庞大,且随时间推移不断发生变动。节点间的关系也变得愈发错综复杂,反映了现实世界中复杂系统的动态性和复杂性。其次,网络中的节点和连边并非固定不变的,随时都可能有新节点加入网络,形成新的关系,同时也有节点及其关系可能因各种原因而消失。这种动态性使得复杂网络具有更强的适应性和演化能力。人际关系网、神经网络、社交网络等均是复杂网络的典型实例。目前,复杂网络方法主要关注网络中重要节点的分析、最优连接路径搜索、网络连通性分析以及网络社区发现等内容[2,3]。

3.1.2 社会网络分析的概念

社会网络分析是一组用于识别、检测和解释参与者角色以及个体之间联系模式的技术[4]。它将实体看作一组节点,这些节点通过关系相连,形成由节点和边构成的网络。在社会网络分析中,研究者需要将现实中的个体和他们之间的关系抽象成节点和边来识别网络。这意味着要将实体,如个人、团体或组织,视为节点,而它们之间的连接则构成了边。个体之间的关系可以是有向的,表示一种单向关系,也可以是无向的,表示双向关系。此外,关系还可以是加权的,表示连接的强度或重要性,或者是无权的,只表示存在与否。通过对这些节点和边的分析,可以揭示出参与者之间的角色、社会结构以及信息流动的模式,从而深入理解社会系统的运作和特征。

3.1.3　社会网络分析应用

社会网络分析在评估网络中个人的影响力方面具有重要作用。通过分析网络中的节点(个人、组织等)之间的连接和互动模式,可以识别出具有重要影响力的个人[5]。这些个人可能是信息传播的关键节点,能够在网络中快速传播信息或影响他人的决策。找到这些节点可以帮助企业在营销活动中找到最具影响力的目标人群,支持政府和非营利组织在社会变革中发挥引导作用,以及协助研究者了解知识传播和创新扩散的机制。

在进行社会网络分析时,还可以结合网络的拓扑结构特征和社会网络模型。分析网络的拓扑结构可以帮助理解网络中节点之间的连接方式并预测网络行为[6-8]。通过社会网络模型,可以进一步分析网络中的动态变化和稳定性,优化资源配置,以及研究各种社会现象和行为规律。

此外,社会网络分析还可以帮助识别网络中的社群或社区,即密切相关或紧密连接的节点组成的子网络。在识别网络中的社群或社区后,进一步分析可以揭示出这些社群内部的特点和关系。通过深入研究社群成员之间的互动模式和共同特征,可以更好地理解其内部结构和功能[9]。这有助于发现潜在的合作伙伴，从而促进跨社群之间的合作与共享资源。同时，也能识别潜在的竞争对手，帮助组织制定有针对性的竞争策略和应对措施。

3.2 社会网络拓扑结构度量

3.2.1 节点中心性

节点中心性是网络分析中的一个重要概念，用于衡量一个节点在网络中的重要程度或者影响力，常见的节点中心性指标有以下四种：

① 点度中心性，表示网络中与节点直接相连的边的数目大小情况。节点的度中心性越高，意味着这个节点与其他节点的联系越多。公式为 $DC_i = k_i$，DC_i 为点度中心性，k_i 为节点的度。

② 中介中心性，表示某个节点正好处于其他节点对的最短路径上的次数，体现该节点在网络中的衔接性。公式为 $BC_i = \sum_{s \neq t \neq i} \frac{\sigma_{st}^i}{\sigma_{st}}$，$BC_i$ 为中介中心性，σ_{st}^i 为从节点 s 到节点 t 经过节点 i 的最短路径的数目，σ_{st} 为从节点 s 到节点 t 的最短路径的数目。

③ 特征向量中心性，认为一个节点的重要性既取决于其相邻节点的数量（即节点的度值），也取决于其相邻节点的重要性。公式为 $EC_i = \frac{1}{\lambda} \sum_{j=1}^{n} A_{ji} EC_j$，$EC_i$ 为节点 i 中心性，λ 为某个固定的常量，A_{ji} 为网络邻接矩阵，是邻接矩阵中的元素，表示节点(j)和节点(i)是否相连。

④ 接近中心性是衡量网络中节点重要性的一个指标，认为越快到达

所有其他节点的节点越重要，即与其他节点之间有最小平均路径，反映该节点在网络中的相对可达性大小。公式为 $CC_i = \dfrac{1}{l_i} = \dfrac{1}{N-1}\sum_{i\neq j} l_{ij}$，$CC_i$ 为接近中心性，l_i 为从节点 i 到网络中所有节点的最短距离的平均值，l_{ij} 为节点 i 到节点 j 的最短距离，N 为网络中的节点总数。

3.2.2 度及度分布

在无向图中，节点的度即为与该节点相连的边的数量；而对于有向图，节点的度分为入度（In-degree）和出度（Out-degree），分别表示指向该节点的边的数量和从该节点出发的边的数量。节点的度可以用来衡量节点在网络中的重要性或连接性。

度分布表示整个网络中各个节点的度数量的概率分布，常用 p_k 表示度值为 k 的节点在整个网络节点中所占的比例。如果网络中总共有 N 个节点，其中有 N_k 个节点的度为 k，那么 $p_k = \dfrac{N_k}{N}$。

度分布可以帮助我们理解网络中节点的连接模式和网络的整体结构。具体而言，度分布可以告诉我们有多少节点具有相同的连接数，度分布还可以提供关于网络的连通性的信息。例如，如果度分布显示网络中存在一些节点的度数非常高，那么这些节点可能是网络的核心节点，它们在连接其他节点时起到了关键的作用——保持了网络的连通性。此外，度分布可以揭示网络的结构特征。如果度分布呈现出幂律分布，即少数节点具有非常高的度数，而大多数节点的度数较低，那么这个网络可能是一个无标度网络。无标度网络具有高度的异质性，少数节点扮演着重要的中心节点角色，而大多数节点则是边缘节点。

3.2.3 平均路径长度

平均路径长度是衡量网络结构紧密程度的重要指标之一。在一个网络中,节点之间可能存在多条路径,而最短路径则是指连接两个节点的路径中最短的那一条。平均路径长度 L 表示网络中任意两节点间最短路径边数的平均值,N 表示网络中的节点数,计算公式为 $L = \frac{2}{N(N-1)} \sum_{i \neq j} l_{ij}$。$L$ 值越小,表示网络中节点之间的距离越短,节点之间的联系更紧密。相反,L 值越大,表示网络中节点之间的距离越远,节点之间的联系更松散。

3.2.4 聚类系数

聚类系数用于衡量网络中节点连接紧密程度,可以分为全局聚类系数和局部聚类系数两种。局部聚类系数为网络中某个节点的聚类系数,表示该节点 i 实际的邻居连边数目与其他邻居之间可能有的最大连边数的比值。公式为 $C_i = \frac{2N_i}{k_i(k_i-1)}$,$C_i$ 为节点 i 的聚类系数,N_i 为从节点 i 的 k_i 个相邻节点之间实际存在的边数。全局聚类系数 C 为网络中所有节点的聚类系数的平均值,描述了网络中节点之间结集成团的程度,计算公式为 $C = \frac{1}{N} \sum_{i=1}^{N} C_i$。

较高的聚类系数表示节点之间的连接更紧密,形成了更多的三角闭合结构,而较低的聚类系数则表示节点之间的连接相对较松散。通常如果一个网络的平均路径长度较小,而聚类系数较大,那么这个网络可能是一个小世界网络。

3.3 社会网络分析模型

3.3.1 随机图模型

(1) ER 随机图生成

在二十世纪五十年代末,Erdös 和 Rényi 提出了最简单的随机图模型,即 ER 随机图[10]。在这个模型中,图 $G(n, p)$ 包含 n 个顶点,每一对顶点以概率 p 独立相连,并且连接到一个节点的边的期望数是 $(n-1)p$。完全随机网络模型假设网络的节点数量是预先确定的,而任意两个节点之间都以相同的概率进行随机连接。这意味着网络中的每一条边都是以一个固定的概率独立地存在,与其他边无关。

ER 随机图生成算法如下:初始化 n 个节点和固定连接概率 p,选择一对没有边相连的节点对;生成一个随机数 $r \in [0, 1]$;若 $r < p$,则在这两个节点之间添加一条边,否则不添加;重复上述步骤直至所有节点都被考虑一次。特殊地,当 $p=0$,则形成 n 个孤立的节点;$p=1$,则形成 N 阶全局耦合网络,对于无向网络,连边数为 $n(n-1)/2$;当 $p \in (0, 1)$,连边数取值位于区间 $(0, n(n-1)/2)$。

(2) 度分布

在 $G(n, p)$ 随机图中,每个节点的度数(即与该节点相连的边的数量)是随机变量。对于任意一个节点,每条可能的边都以概率 p 存在,与其他边的存在与否相互独立。因此,每个节点的度数 k 遵循二项分布。网络的平均度数为$(n-1)p$。这是因为每个节点与其他$(n-1)$个节点连接的机会,每次连接的概率为p。网络的边数为$C_N^2 p$。这是由于网络中有C_N^2对可能的边,每对节点之间边的存在概率为p。

随机网络的度分布满足如下形式:$p(k)=C_{N-1}^k p^k (1-p)^{(N-1-k)}$。网络的期望当$N$很大而$p$很小时,随机图的度分布通常呈现为一个近似的泊松分布,即大部分节点的度数相差不大,没有出现特别高或特别低度数的节点。在这样的随机图中,节点的连通性比较均匀,没有太大的波动。这种图通常没有明显的社群结构,也不太可能有节点远远比其他节点更加中心或者突出。

(3) 平均路径长度

由于随机图中的连接是随机的,通常情况下,平均路径长度会相对较短。在$G(n,p)$网络中,任意两个节点之间的最短路径长度可以通过广度优先搜索等算法计算。平均最短路径长度的期望值可以通过以下公式计算:$L=\dfrac{\ln(n)}{\ln(p)}$。在随机图中,节点之间有一定的概率直接相连,从而减少了节点之间的距离。然而,即使网络平均最短路径较短,随机图中仍然可能存在一些较远的节点对,其之间的路径长度可能较长。

(4) 聚类系数

节点的邻居通常不会形成紧密的集群。因此,随机图的聚类系数通常较低。节点i和节点j之间以概率p相连,因此节点i和节点j的邻居节点之间以概率p^2相连。$G(n,p)$网络全局聚类系数为p。这意味着大多数节点的邻居之间并不会形成较为密集的连接,而是以一种更加分散的方式分布在整个网络中。

3.3.2 小世界网络模型

(1) WS 小世界网络

规则网络是指任何一个节点的近邻数目都相同的网络。在一个度为k

的规则格中,节点与它们的前 $k/2$ 个邻居和后 $k/2$ 个邻居进行连接。对于较大的 n 和 k,规则格中的聚类系数为 $C(0) = \dfrac{(k-2)^3}{(k-1)^4}$,其值接近 3/4,较大;但平均路径长度 $L(0)$ 会趋于无限大。相比之下,在随机图模型中,聚集系数较小,平均路径长度也较小。然而现实情况中,大部分真实网络体现出最短路径小而聚集系数大的特性[11]。

为了克服这些局限,Watts 和 Strogatz[12] 提出了小世界网络。小世界网络假设很多个体拥有有限的且经常是至少有固定数目的连接。小世界模型位于规则格和随机网络之间,具有介于高聚集系数和短平均路径长度之间的特性。

WS 小世界网络模型通过以下方式生成:初始阶段,构建一个规则网络,其中每个节点与其 k 个相邻节点连接,形成一个环状结构。在这个规则网络的基础上,随机选择每条边,并以一定的概率 p 将其重新连接到网络中的另一个节点。这个过程被称为重连边,在随机重连过程中,网络中不能有自环以及重边。通过这种方式,小世界模型在保持网络的局部聚类性的同时,引入了跨群组的边,从而将网络的平均路径长度缩短到与节点数量的对数成比例的级别,这种结构性质与许多真实世界网络相似,比如社交网络和神经元网络。

(2)度分布

在 WS 小世界模型中,度分布的形式通常是由网络的初始拓扑结构(通常是一个正则网络以及重连概率 p 所决定的。初始阶段,WS 小世界网络通常是一个正则网络,其度分布可能近似为一个泊松分布。但随着重连概率 p 的增大,网络的度分布会逐渐变得更加平坦,并且可能向正态分布靠拢。这意味着大多数节点具有接近平均度的连接,而只有少数节点具有远高于平均度的连接。

(3) 平均路径长度

在 WS 小世界网络中,节点之间的连接不像规则网络那样完全规则,也不像随机网络那样完全随机。WS 小世界网络的平均路径长度通常比规则网络中的平均路径长度要短,但又比随机网络中的平均路径长度要长。这是因为它融合了规则网络的局部聚类性和随机网络的短路径特性,使得网络在保持高效通信的同时,能够快速传播信息和影响。一个规则格的平均路径长度为 $n/2k$,其中 n 是节点数,k 是每个节点的邻居数,一个随机网络的平均路径长度为 $\ln(n)/\ln(k)$,$L(p)$ 可由 $L(0)$ 表示。

(4) 聚类系数

类似于平均路径长度,WS 小世界网络的聚类系数介于规则格 $C(0)=\dfrac{(k-2)^3}{(k-1)^4}$ 和随机网络 $C=\dfrac{k}{n-1}$ 之间。WS 小世界网络聚类系数 $C(p)$ 可由规则网络聚类系数 $C(0)$ 表示,$C(p) \approx (1-p)^3 C(0)$。重连概率 $p=0$ 时,整个网络是一个规则格,此时 WS 小世界网络的聚类系数等于规则网络的聚类系数。$p=1$ 时,整个网络变为一个完全随机网络,即每条边都被重新连接。在这种情况下,WS 小世界网络的聚类系数接近于随机网络的聚类系数。随着 p 的增加,网络中原来的规则结构逐渐被打破,部分节点之间的连接被随机重新分配,导致原来的聚类结构逐渐减弱。这样一来,网络中的节点之间的局部聚类性逐渐降低,从而使得聚类系数 $C(p)$ 逐渐减小。在 WS 小世界网络的构建中,通常会选择一个适当的 p 值,使得网络既具有较短的平均最短路径长度,又保持一定的局部聚类性,以便在信息传播和通信效率之间取得平衡。

WS 模型的聚类系数 $C(p)$ 和平均路径长度 $L(p)$ 都可看作是重连概率

p 的函数,可以用规则格聚类系数 $C(0)$ 和平均路径长度 $L(0)$ 表示。如图 3-1 所示,随着 p 增大,网络的平均路径长度下降速度很快,但是它的聚类系数下降速度较慢。一方面,随机重连概率增大会导致原本规则的网络结构被打破,大部分节点之间的最短路径长度变短,这使得整个网络的平均路径长度快速下降。这是因为随机重连引入了更多的短距离连接,从而缩短了节点之间的平均距离。另一方面,尽管随机重连引入了更多的随机性连接,但是网络的局部聚类性并未完全丧失。这是因为即使发生了随机重连,部分节点仍然保留着原来的邻居,从而仍然具有一定的局部聚类性。

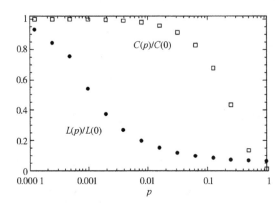

图 3-1　WS 小世界模型聚类系数和平均路径长度变化(来源于文献[12])

3.3.3　优先链接模型

(1) 优先链接网络

ER 随机图和 WS 小世界模型忽略了实际网络的两个重要特性:(1)增长特性:实际网络通常是动态的,其规模会随时间不断扩大。例如,社交网络、互联网和学术网络等都在不断增长,每天都会有新的节点加入。这种动态增长的网络结构在 ER 随机图和 WS 小世界模型中是不被考虑的,因为这些模型通常假设网络的大小是固定的。(2)优先连接特性:在实际网络中,新加入的节点更有可能连接到已有节点中度数较高的节点,这种现象被称为"富者更富"或"马太效应"。例如,新的网页更有可能链接到已经被大量其他网页链接的知名网站,新的科研文章更有可能引用已经广泛被引用的重要文献。在 ER 随机图和 WS 小世界网络中,节点之间的连接是完全随机的,没有考虑到节点的度数;这两种节点度分布接近于泊松分布形式[13],而现实中大部分大规模网络的度分布呈现幂律分布。

Barabási 和 Albert[14]提出的优先链接模型(BA 无标度网络)是由少数具有众多连接的节点所构成的网络,节点的度不再是均匀分布而是呈现幂律分布的,即节点的边数量越多,对新节点越有吸引力。优先链接网络假设当新的节点加入网络时,它们更倾向于连接那些与网络中较多节点连接的节点。新节点和已有节点的连接概率与已有节点的度成正比。其构造算法如下:图中最初有 m_0 个节点,M_0 条边,然后逐个加入新节点,每个新节点开始连接到 $m(m \leqslant m_0)$ 个其他节点。一个新节点与现有节点 i 的连接依赖于节点 i 的度 k_i,连接概率 $\Pi_i = \dfrac{k_i}{\sum_j k_j}$。在经过 t 步后,产生一个包含 $t+m_0$ 个节点和 $mt+M_0$ 条边的新网络。

(2) 度分布

优先链接模型可以生成无标度网络,度分布符合幂律分布形式,$p_k = ak^{-b}$。a 为比例常数,用于调节 p_k 与 k 之间的比例关系。b 为幂律指数,决定了 p_k 的衰减速率。较大的 b 值表示度分布衰减较快,而较小的 b 值则表示度分布衰减较慢。幂律分布的尾部非常长,即具有非常高度的不确定性和变化性,在网络中可能存在少数节点,其度数远远高于大多数节点。而且节点的度数分布没有明显的尺度或特征度数。换句话说,网络中不存在显著的平均度数,因为幂律分布下的节点度数范围非常广泛,没有一个可以代表整个网络的特定尺度。

(3) 平均路径长度

优先链接网络由于其无标度特性,平均路径长度通常相对较小,随着网络中节点数的增长呈指数级增长,$L \sim \dfrac{\ln(n)}{\ln(\ln(n))}$。平均而言,优先链接模型比随机图生成的路径长度要短。随机图被认为能较好地近似平均路径长度,同样优先链接模型能较好地近似平均路径长度。这是因为 BA 网络中存在一些高度连接的"枢纽节点",它们可以迅速连接到网络中的其他节点,从而缩短了节点之间的平均路径长度。

(4) 聚类系数

在 BA 网络中,聚类系数常表示为 $C = \dfrac{m_0 - 1}{8} \dfrac{(\ln t)^2}{t}$。随着时间的推移,聚类系数通常随着节点度数的增加而减小。这是因为 BA 网络通过优先连接机制生成,新加入的节点倾向于连接到已有节点度数较高的节点,从而增加了局部的聚类程度,形成了更多的三角闭合结构。然而,随着网络的发展,新节点连接的是度数较高的节点,这些新节点之间的连接并不多,导致整体的聚类系数下降。

3.3.4 三种网络模型比较

三种模型网络特点与真实世界网络特点的比较如表 3-1 所示。真实世界中,网络的特点为度分布符合幂律分布,具有较高聚类系数和较小平均路径。虽然三种模型都能够模拟一些真实世界网络的特性,但是它们在度分布、平均路径长度和聚类系数等方面与真实世界网络还存在一些差异。

表 3-1　三种网络模型对比

	度分布	平均路径长度	聚类系数
真实世界网络	幂律分布	较小	较大
ER 随机图	泊松分布	较小	较小
WS 小世界网络	类似泊松分布	较小	较大
优先链接网络	幂律分布	较小	较小

为了更好比较几种网络模型特点，本文选取 $N=1\,000$，平均度 $k=10$，模拟生成 ER 随机图网络、规则网络、WS 小世界网络、优先链接网络，如图 3-2 所示。

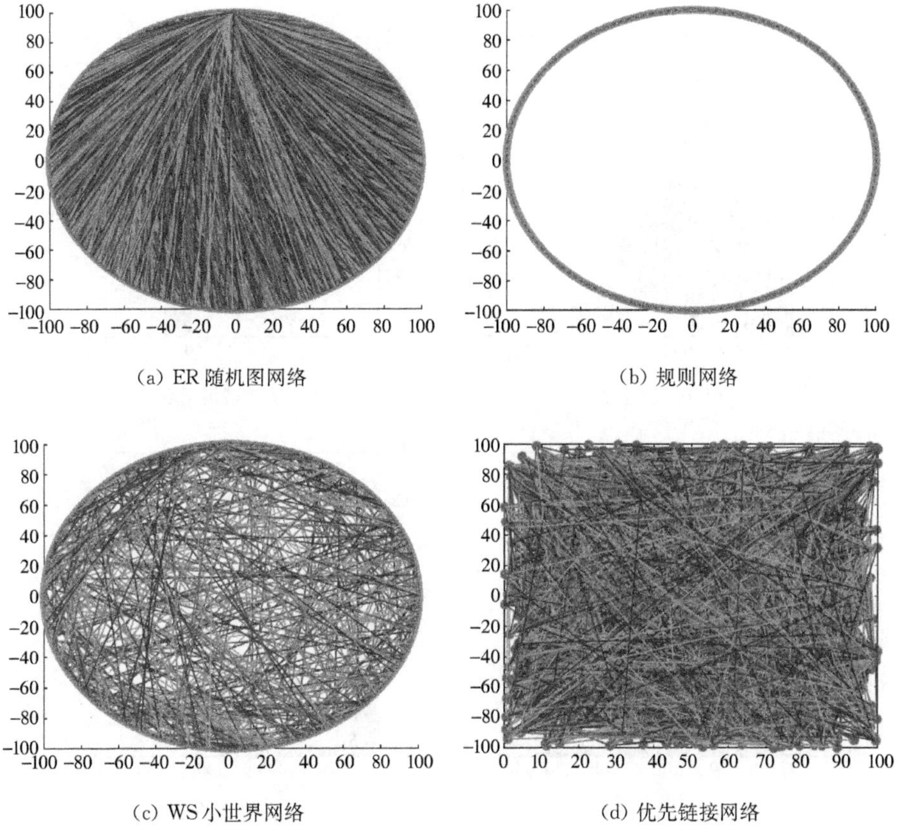

(a) ER 随机图网络　(b) 规则网络

(c) WS 小世界网络　(d) 优先链接网络

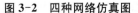

图 3-2　四种网络仿真图

四种网络度分布如图 3-3 所示。在网络平均度为 10 的情况下,随机网络的度分布范围为[5, 19],规则网络每个节点具有相同的度 10,WS 小世界网络的度分布范围为[7, 14],优先链接网络的度分布范围为[5, 111]。不同类型的网络在度分布上存在显著差异,随机网络、规则网络和 WS 小世界网络显示出一定程度的集中性。而优先链接网络,其度分布范围非常广泛。在优先链接网络中,存在极少数节点具有极端高的度数,而大多数节点的度数较低。对优先链接网络采用幂律分布进行拟合,R-square 为 0.954 9 突显了拟合过程的精确性,从幂律函数导出的系数确定为 $a=0.289\,7$ 和 $b=1.072$。度分布可以表示为 $p_k=0.289\,7k^{-1.072}$。

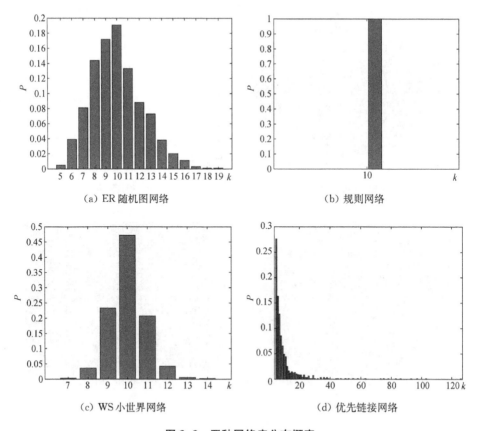

图 3-3 四种网络度分布概率

表 3-2 展示了四种仿真网络平均路径长度、聚类系数、是否幂律分布之间的差异。随机网络具有较短的平均路径长度(3.261 4)和较低的聚类系数(0.009 1)。相比之下,规则网络表现出较长的平均路径长度(50.400 0)和较高的聚类系数(0.666 7)。WS 小世界网络则融合了随机性和集聚性,但其度分布也不符合幂律分布形式。而优先链接网络则呈现出较短的平均路径长度和较低的聚类系数,但其度分布符合幂律分布,突显了一些节点具有极端高的度数。这些特性揭示了不同类型网络的独特属性,为我们理解现实世界的复杂网络结构提供了重要线索。

表 3-2 四种仿真网络拓扑结构对比

	节点数	度均值	平均路径长度	聚类系数	是否幂律分布
(a) ER 随机图网络	1 000	10	3.261 4	0.009 1	否
(b) 规则网络			50.400 0	0.666 7	否
(c) WS 小世界网络			4.401 2	0.485 9	否
(d) 优先链接网络			3.000 7	0.039 6	是

3.4 社区发现

3.4.1 社区结构概念及特点

社区结构是指在一个网络中存在着密集连接的节点子集,即节点在社区内部之间有着更多的连接,而与社区外部的节点之间的连接较少。一方面社区内部的密集连接可以促进社区内部的信息传递和合作,所以社区内的节点往往具有一些共同的特征或功能。另一方面，社区外部的节点之间的连接较少，这种稀疏连接可以使得社区之间相对独立，形成了明显的边界。

3.4.2 模块度及模块度增量

模块度（Modularity）是一种用来衡量网络社区结构优化程度的指标，它表示网络中实际边的数量与预期边的数量之间的差异。模块度常用于评估网络中节点分组质量，较高的模块度值表明被检测到的群落与"内部紧密、外部松散"的特征排列得更好。基于模块度的社区检测算法通常寻求最大化模块度 Q。Q 数值范围通常在 -1 到 1 之间，模块度值越接近 1 表示社区结构越好，即网络中的节点更倾向于与同一社区内的节点连接而不是与其他社区的节点连接。

$$Q = \frac{1}{2m} \sum_{i,j} \left[A_{i,j} - \frac{k_i k_j}{2m} \right] \eta(i,j) \tag{3-1}$$

其中，m 为边数，$A_{i,j}$ 为网络的邻接矩阵元素，k_i、k_j 表示节点 i 和节点 j 的度。

$$\eta(i,j) = \begin{cases} 1, & i \text{ 和 } j \text{ 属于同一个社区} \\ 0, & \text{其他} \end{cases}$$

对于一张图中所有已经划分的社区而言，模块度可以理解为每一个社区的内部的边的权重之和减去所有与社区节点相连的边的权重之和。模块度增量 ΔQ 可以表示为节点 i 从当前社区移到另一个社区后，新的模块度与原模块度之间的差值。

$$\Delta Q = \frac{1}{2m} \left[k_{i,in} - \frac{\sum_{tot} k_i}{m} \right] \tag{3-2}$$

ΔQ 分为两部分，前一项 $k_{i,in}$ 表示节点 i 与要移入社区 C 之间的连接边的权重之和,后一项 $\frac{\sum_{tot} k_i}{m}$ 则为随机情况下节点 i 在总的加权度为 $\sum_{tot} k_i$ 的情况下与当前图上任意的节点连接的边的权重的期望。第一项若比第二项大则说明节点 i 该社区 C 的连接程度是具有显著的意义的,那么便加入该社区,反之则不加入。

3.4.3 基于模块度最大化的 Louvain 算法

Louvain 算法也称为 Fast Unfolding 算法,是一种模块化驱动的社区检测方法,擅长于快速识别网络内的社区结构[15]。该算法的基本思想是通过迭代优化节点的社区分配来实现社区检测。遍历网络中所有相邻节点,将可以使模块度增量（ΔQ）最大的节点纳入社团中,收敛后再对每个社团压缩成单节点再次重复上述过程直至全局稳定,从而实现最大化全图的模块度。

Louvain 算法优势为:①时间复杂度低,适合大规模的网络。②社区划分结果稳定,有具体指标能够评估社区划分好坏。③天然自带层次化的社区划分结果,每一次迭代的社区划分结果都可以保留下来,作为社区划分的中间结果,可供选择。

Zachary 网络是学者通过对一个美国大学空手道俱乐部进行观测而构建出的一个真实的社会网络,包含 34 个节点和 78 条边。本文采用 Louvain 算法分析 Zachary 网络中的社区关系,结果如图 3-4 所示。

模块度大小 Q 为 0.419 8,表明 Zachary 网络的社区结构相对较好,即节点在网络中的分组更加紧密,节点之间的连接更多地发生在同一社区内。同时,生成 4 个社区意味着网络中的节点被分为了 4 个不同的群组,每个群组内部连接紧密,群组之间的连接较少。

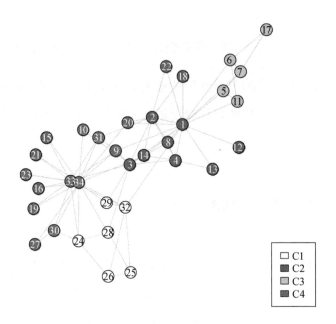

图 3-4　空手道俱乐部社区发现

3.5　本章小结

本章首先介绍了复杂社会网络的相关理论,随后探讨了社会网络度量的各种手段,包括节点中心性、度及度分布、平均路径长度和聚类系数等。接着对比了模拟现实网络的 ER 随机图、WS 小世界网络和优先链接模型。最后着重探讨了在网络中发现社区的方法,并以空手道俱乐部真实社会网络为例,详细介绍了基于模块度最大化的 Louvain 算法。

参考文献

[1] 周涛柏,汪秉宏,刘之景,等. 复杂网络研究概述[J]. 物理,2005(1):31-6.

[2] WIEDMER R, GRIFFIS S E. Structural characteristics of complex supply chain networks[J]. Journal of business logistics, 2021, 42(2): 264-290.

[3] HEARNSHAW E J S, WILSON M M J. A complex network approach to supply chain network theory[J]. International journal of operations & production management, 2013, 33(4): 442-469.

[4] BORGATTI S P, MEHRA A, BRASS D J, et al. Network Analysis in the Social Sciences[J]. Science, 2009, 323(5916): 892-895.

[5] GILLIEATT S, FERNANDES C, FIELDING A, et al. Social Network Analysis and Social Work Inquiry[J]. Australian social work, 2015, 68(3): 338-351.

[6] FREEMAN L C. Centrality in social networks conceptual clarification[J]. Social networks, 1979, 1(3): 215-239.

[7] MAJI G, MANDAL S, SEN S. A systematic survey on influential spreaders identification in complex networks with a focus on K-shell based techniques[J]. Expert systems with applications, 2020, 161: 113681.

[8] LIU Q, ZHU Y X, JIA Y, et al. Leveraging local h-index to identify and rank influential spreaders in networks[J]. Physica A: statistical mechanics and its applications, 2018, 512: 379-391.

[9] 程学旗,沈华伟.复杂网络的社区结构[J].复杂系统与复杂性科学,2011,8(1):57-70.

[10] ERDÖS P, RÉNYI A. On Random Graphs[J]. Publ Math Dubrecen, 1959, 6: 290-291.

[11] ALBERT R, BARABÁSI A-L. Statistical mechanics of complex networks[J]. Reviews of modern physics, 2002, 74(1): 47.

[12] WATTS D J, STROGATZ S H. Collective dynamics of "small-world" networks[J]. Nature, 1998, 393(6684): 440-442.

[13] BARRAT A, WEIGT M. On the properties of small-world network models[J]. The European Physical Journal B-Condensed Matter and Complex Systems, 2000, 13: 547-560.

[14] BARABÁSI A-L, BONABEAU E. Scale-free networks[J]. Scientific American, 2003,

288(5): 60-69.

[15] MEO P D, FERRARA E, FIUMARA G, et al. Fast unfolding of communities in large networks[J]. 2008.

第 4 章

社交媒体广告传播分析

4.1 简介

社交媒体从根本上改变了人与人之间的互动,成为现代社会最重要的信息传播媒介之一。正是因为消费者的行为和观念与社交媒体平台达到了深度融合,社交媒体使营销人员能够与目标客户建立密切联系[1-3]。因此,全球企业都在探索如何利用社交媒体平台,通过加强社交联系来吸引客户。在各种营销方式(广告、电子口碑、客户关系管理和品牌推广)中,企业界和研究人员对社交媒体广告的兴趣最大。作为最关键的营销工具,广告一直吸引着企业的大量投资,以用于宣传、向更多的目标客户传播产品信息以及建立品牌知名度[4,5]。这种做法使广告收入成为社交媒体平台最重要的收入来源。

如何在快速发展的社交媒体平台上设计和推广广告已成为管理者面临的一个严峻挑战。营销者必须根据社交属性精准定位目标客户,同时扩大传播范围以实现广告目标。因而各种类型的植入式广告层出不穷,给广告传播带来了新的变化。通过在文本、视频和社交媒体应用界面中植入代言人、有影响力的人或品牌账户,产品广告可以分段、多阶段地展示。这种植入式广告可以使企业反复接触目标客户,有效提高点击率和购买率,从而导致植入式广告在社交媒体平台上的扩散[6]。然而,广告频率的增加也会导致用户恼怒并产生不良影响。因此,如何有战略性地规划广告投放是一个亟待解决的科学和实际管理问题。

社交媒体广告的本质也是信息传播。将信息传播模型应用于社交媒体广告的控制和模拟研究方面,已经产生了有价值的研究成果[7-9]。在基于传染病控制方面的成果方面,学者们利用传染模型开展了社交媒体信息传播持续时间的预测、传播策略比较以及传播总量预测等研究,并使用 SIR (Susceptible Infected Recovered Model)传染病及其改进模型来描述信息传播的过程[10,11]。这些研究集中于传播模式和舆论控制,包括对舆论管理方面的阐述,并且由于受到传染病模型的积极启发,可以帮助企业优化商业领域的社交媒体广告投放,优选最佳投放方式,最大限度地发挥扩散效应,从而实现社交媒体营销效果的持续增长。从用户角度来看,社交媒体平台可以利用定向广告技术准确识别目标客户,并向这一群体有效投放广告,以减轻广告的不良影响,从而最大限度地提高社交媒体广告的效用和投资回报。

然而,即使对目标客户进行了精准定位,广告投放策略的谨慎选择和控制仍然至关重要。广告投放的不同因素,包括代言人、影响力人物和企业账户,以及对广告投放频率的精准控制,都会对社交媒体广告的最终效果产生深远影响。基于此,本研究提出了两个关键性的研究问题:(1)如何根据传染模型中的影响因素,来优化两个不同阶段的广告投放策略?(2)如何利用传染病模型为企业在社交媒体平台上确定科学的最佳广告持续时间?

因此,本章研究提出了一个两阶段传染病模型。利用传播模型来控制社交媒体的广告投放,其目的是了解不同阶段的广告投放力度对传播效果的影响,比较不同阶段的最佳广告持续时间,并预测社交媒体上理想的广告投放模式。在社交媒体广告中,社区结构也深刻影响着广告的传播效果。在确定广告投放目标时,应选择能充分发挥广告传播潜力的合适社区。因此,对不同社区结构的传播效果进行比较分析是十分必要的。在社交媒体平台上制定广告投放策略时,需要分析广告传播总量和持续时间两个驱动因素。通过这种方法,企业可以根据每个阶段细微的广告传播动态,灵活调整广告投放方法,确定最佳广告持续时间,并制定全面优化的社交媒体投放策略。

4.2 文献综述

4.2.1 社交媒体广告扩散

社交媒体在在线广告生态系统中扮演着越来越重要的中介平台角色。社交网络占据了消费者在线参与的很大一部分，社交媒体广告在企业营销预算中的比重也越来越大。社交媒体已在很大程度上被认为是有助于实现企业营销目标和战略的有效机制[12]。基于社交媒体的广告已经深刻地改变了广告业的格局。在线广告通过提供更有效的技术将广告商和消费者联系起来，吸引了许多机构和公司参与进来。企业和组织也利用社交媒体营销来促进信息搜索、用户互动和促销活动，从而提升品牌知名度、市场表现力和消费者的购买量[13-15]。许多学者也对社交媒体广告与其他因素的相互关系进行了广泛的研究，比如品牌[16-18]、电子口碑（E-WOM）[19]、客户参与[20-22]和客户定位[23-25]。社会化媒体作为最有希望与目标客户进行有效沟通和实施促销活动的平台，越来越被现代企业所青睐，企业也逐渐将社会化媒体作为其广告活动的重要组成部分。人们普遍认为，社交媒体在放大促销活动及对客户感知和意识方面的影响发挥着至关重要的作用。例如，Duffett[26]探讨了顾客对社会媒体广告活动的感知和态度，对于此类活动效率和效果的重要性。Sreejesh等人[27]则分析了媒体互动性的作用以及其对客户接收到社交媒体广告的反应的影响。

最近的研究越来越关注于分析社交媒体广告对用户参与度的影响。广告商可以利用社交媒体获取丰富的注册用户数据和描述性特征,结合社交网络特征和用户分享及其潜在的偏好档案,来挖掘社交广告的新潜力[28,29]。例如,Hudders 等人[30]以 Stern 改进的广告扩散模型为理论框架,按照信息源、信息和受众三个维度,将社交媒体上的影响者营销研究进行分类。并且利用影响者推广社交广告也成为一种被广泛部署的策略,这也在一定程度上解释了社交网络的节点、连接和拓扑结构如何影响社交媒体广告的传播[31]。例如,Chang 和 Wu[32]研究了中国、印度和美国三个不同文化区域的社交广告影响因素,发现不同的文化特征会影响用户对风险投资广告的接触和关注程度、态度和购买意愿。在 Tian 和 Zhao[15]的工作中,则考虑了运用不同的社区结构和社交媒体营销来构建传播模型。因此,许多因素影响着用户对社交媒体上广告的参与度。在社交媒体平台上,在适当的时间定位适合的受众,同时考虑利益群体的特征,对于制定最佳的传播策略和广告内容至关重要[33]。

因此,若要优化社交媒体平台上的广告和营销策略,考虑广告内容与用户属性特征之间的相关性则至关重要。同样,在广告传播模型中,社交广告传播与目标客户网络之间的相互作用值得进一步阐明。本章将研究广告传播模型与三种社交网络结构之间的关系,并探讨哪种网络配置可以产生优异的传播效果。

4.2.2 信息传播与流行病模型

另一个关键的研究方向是最大化网络广告营销,其核心理论基础源于信息扩散和社会"传染"过程。社交媒体上的舆论、谣言和其他信息的传播也遵循一定的规律,通过研究其机制,可以采用不同的模型对其进行表征。羊群行为、信息级联和传染病模型等也被用于描述和分析广告的传播[5,7]。近年来,在这类研究中使用传染病模型的情况激增。这些模型将产品或信息的广告传播视为通过人与人之间接触的病毒式传播[34],类似于传染病的扩散过程。因此,利用传染病学模型表征信息传播模式,识别影响因素,理解信息传播动态,有助于控制和扩大信息传播范围。特别是随着在线社交网络在规模和范围上广泛扩展了这种接触,重塑了社会传染模式。传染病模型在谣言传播和舆论传播中得到了更广泛的应用,同时也开始用于网络广告的研究。例如,Sun 等人[35]提出了一种复杂网络上的本地路径定向算法,使得啤酒公司在社交媒体上的定向广告能够绕开青少年。

从信息传播的角度来看,一些学者还利用 SI(Susceptible-Infected)模型、SIS(Susceptible-Infected-Susceptible)模型和 SIR(Susceptible-Infected-Recovered)模型来优化社交媒体上的信息传播,得出更优的广告目标和营销策略[5,36]。例如,Pazoki 等人[37]利用 SIS 模型预测口碑信息传播过程中产生的需求函数,并探索了不同网络拓扑结构下的最优定价和广告策略。一些研究者还将增强 SIR 模型分别应用于区块链社区网络和小程序信息流(mini-program information flows)中[15,38],认为将社交媒体广告营销模式与用户参与度和社区结构相结合,可以催化社交媒体信息转移的优越营销理念。从其他关于增强传染病模型的研究可以发现,将广告传播模型和营销策略分析与传染病模型相结合已经逐渐引起了更多的学术关注。

因此,在这些研究的基础上,本书提出了一个综合社交媒体广告和多样化用户反馈的两阶段传播模型,探讨引入一个额外的广告阶段以吸引用户参与的问题,并研究社交媒体平台上两阶段广告的传播模式和投放策略。

4.3 模型

4.3.1 基准模型

网络中的传播现象在各个领域都具有重要的研究价值,例如疾病传播、谣言扩散、电网故障级联和产品广告传播等。信息、文化规范和社会行为的传播在概念上可以被模拟为传染过程。作为一种经典的流行病模型,SIR 模型根据感染阶段将人群分为三类:S(易感者),代表信息传播的潜在目标;I(感染者),表示已接受信息并与之互动的用户;R(恢复者),表示对信息不再感兴趣的用户。同时,不同阶段之间存在确定的转换率,在任何给定时间,所有阶段的人数总和等于 N。这一框架也适用于社交媒体广告等信息。因此,本研究将传染病模型纳入广告传播中,作为基准模型,其中每个社交媒体用户都有一定概率成为广告"感染者",假设其与总感染者的比例为 βI,β 称为传播率。每个接收者也有一个不成为感染者的概率 γ。图 4-1 显示了传播过程。

图 4-1 经典 SIR 模型的传播过程

每个阶段的动态微分方程构建如下:

$$\frac{\mathrm{d}S(t)}{\mathrm{d}t} = -\beta I(t)S(t) \tag{4-1}$$

$$\frac{\mathrm{d}I(t)}{\mathrm{d}t} = \beta I(t)S(t) - \gamma R(t) \tag{4-2}$$

$$\frac{\mathrm{d}R(t)}{\mathrm{d}t} = \gamma I(t) \tag{4-3}$$

其中 $S_{(t)}$、$I_{(t)}$、$R_{(t)}$ 分别表示时间 t 的易感个体、感染个体和康复个体的数量,满足守恒条件:

$$S(t) + I(t) + R(t) = N \tag{4-4}$$

4.3.2 模拟数据集

本研究以传染病学理论为基础,构建了社交媒体广告的扩散模型。研究还利用仿真实验来预测和分析不同参数对广告传播的影响。这种方法有助于减少人为判断所固有的主观性。在本研究中,总人数 N、易感人群初始值 S_0、感染人群初始值 I_0 和康复人群初始值 R_0 被设定为相同的值,可以在每种情况下进行横向比较。在给定动态微分方程参数的情况下,可以使用常微分方程和 R 语言中的"ode"函数生成模拟数据集。

表 4-1 生成模拟数据集的初始值

参数	参数描述	初始值
N	总人数	1 000
S	易感人群	985
I	感染人群	10
R	康复人群	5
M	第一阶段免疫人群	0

例如，假设 $N=1\,000$，$S_0=985$，$I_0=10$，$R_0=5$，$\beta=0.3$，$\gamma=0.1$，模拟每个状态下个体数量随时间的变化情况，如图 4-2 所示。当然，社交媒体平台也会通过改变广告形式、更换代言人或提供红包奖励的方式，再次向用户投放广告，以达到最大的广告传播覆盖范围。例如，在 Facebook 上，Levi's 通过更新代言人的方式生成新的宣传视频，并将其发布到社交媒体上，以吸引更多用户点击、评论和购买。

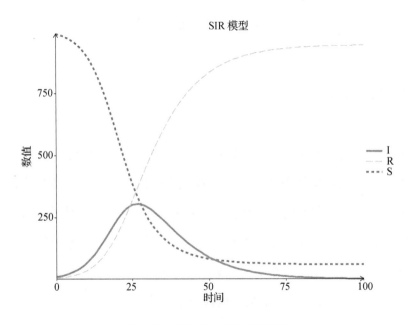

图 4-2　经典 SIR 模型的模拟图

iPhone 营销一直是广告活动中的一个标志性商业案例。在哔哩哔哩社交平台上，我们收集了从 2022 年 9 月至 2022 年 12 月与 iPhone 14 相关的视频浏览量、点赞数、评论数、收藏数和综合价值等数据，如图 4-3 所示。在 iPhone 14 发布不同的广告之后，其广告指标的变化也呈现出次高峰。因此，我们需要构建一个新的传染病模型，来解析这种情况下的广告传播机制和不断演化的营销策略，以分析这种动态策略变化。

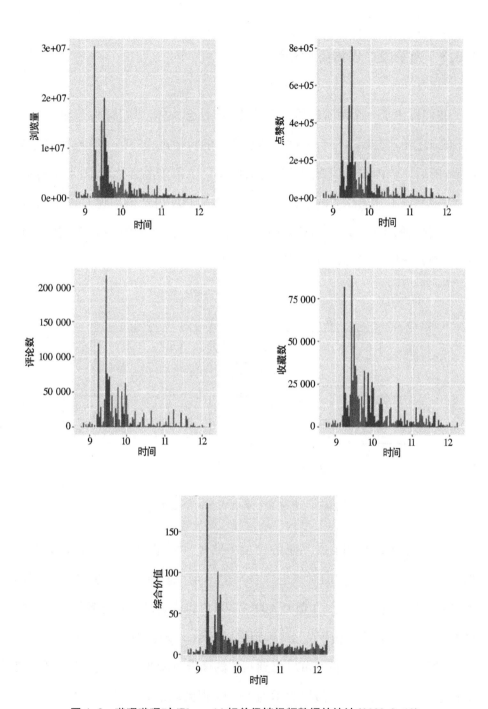

图 4-3　哔哩哔哩对 iPhone 14 相关促销视频数据的统计（2022.9-12）

4.3.3 两阶段广告传染病模型

我们提出了一个两阶段传染病模型,即社会媒体广告传染病(SMIR)模型,来描述在社会媒体平台上这种动态广告的传播过程。第一阶段代表经典传播,随后广告内容或代言人的变化会触发第二条传播路径,如图 4-4 所示。在第一阶段,不知道广告的个体有一定概率会对广告产生兴趣并点击查看,成为受感染的用户(I),与总感染者的数量成比例,比例为 β_1。一旦失去兴趣,他们就会以 γ_1 的概率进入恢复状态 R。

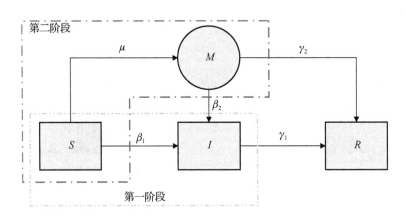

图 4-4　两阶段广告传播的传染病模型

在第二阶段(如图 4-4 所示的第二条路径)中,尽管有第一阶段的广告,但一些受感染的个体依旧对点击广告兴趣不足,则会以与状态 M 成比例的概率 μ 成为免疫者(M)。在免疫人群 M 中,广告内容的变化导致用户有可能转换到状态 I,转化的概率为 β_2,否则将以概率 γ_2 转换到状态 R。根据广告传播过程的两个阶段,我们可以得到相应的微分方程组。为了区分不同阶段的传播过程,我们将第二阶段表示为 $t+1$,得到以下方程式:

$$\frac{\mathrm{d}S(t)}{\mathrm{d}t} = -\beta_1 I(t)S(t) - \mu M(t) \tag{4-5}$$

$$\frac{\mathrm{d}S(t)}{\mathrm{d}t} = -\beta_1 I(t)S(t) - \mu M(t) \tag{4-6}$$

$$\frac{\mathrm{d}M(t)}{\mathrm{d}t} = \mu M(t) - \beta_2 M(t+1)I(t) - \gamma_2 R(t) \tag{4-7}$$

$$\frac{\mathrm{d}R(t)}{\mathrm{d}t} = \gamma_1 I(t) + \gamma_2 M(t+1) \tag{4-8}$$

其中，$S_{(t)}$、$I_{(t)}$、$R_{(t)}$ 分别表示在时刻 t 的易感、感染和康复的个体数，$M_{(t+1)}$ 表示时刻 $t+1$ 时感染的个体数，它们满足守恒方程：

$$S_{(t)} + I_{(t)} + M_{(t+1)} + R(t) = N \tag{4-9}$$

利用提出的两阶段模型进行仿真分析，研究社交媒体平台上的广告传播过程及影响因素，并得到广告投放管理策略。设定 $N=1\,000$，$S_0=985$，$I_0=10$，$R_0=5$，$M_0=0$，$\beta_1=0.1$，$\mu=0.12$，$\gamma_1=0.01$，$\beta_2=0.15$，$\gamma_2=0.01$，我们可以得到 S、M、I、R 状态下个体数量的变化趋势。如图 4-5 所示，可以清楚地观察到感染曲线有两个峰值。

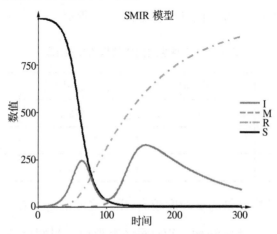

图 4-5　两阶段社交媒体广告传播模拟图

4.3.4 不同社交网络结构中广告传播的可视化

要实现社交广告的精准投放,识别目标受众至关重要。在社交媒体平台上,由于网络结构的多样性、互动性等特点,广告群体在观看和分享广告的过程中会形成具有不同特征的社群。这些社群随着广告传播过程的深入,其结构、规模和互动模式都可能发生显著变化。为了清楚地展示广告传播中的社群演化过程,本文研究了基于不同网络结构和传播过程的广告社群演化规律。社交网络模型中存在三种典型的网络结构:随机图网络、小世界网络和优先链接网络,并有相应的 ER(Erdös-Rényi)模型、WS(Watts-Strogatz)模型和 BA(Barabási-Albert)模型。这些模型从不同的角度描述了网络的形成和演化机制,为我们研究广告社群的动态变化提供了理论支撑。在本研究中,我们使用这三种模型,生成了具有 1 000 个节点的网络,并根据模型参数可视化了两阶段广告传播过程中不同时间步长的网络结构。

具体来说,在 ER 模型中,随机连接概率 $p=0.005$;在 WS 模型中,邻居数为 5,重连概率 $p=0.5$;在 BA 模型中,每一步添加的边数为 2。三种生成网络的参数如表 4-2 所示,网络结构如图 4-6 所示。

表 4-2 三种生成网络结构的参数比较

模型	平均度	平均最短路径	平均聚类系数
ER 模型	5.2	4.379 4	0.003 7
WS 模型	4	5.547 7	0.059 3
BA 模型	3.992	4.006 3	0.033 0

可以看出,随机网络的平均度较高,用户之间的连接较多,但平均聚类系数较低,没有明显的社区结构。WS 网络表现出小世界特性,平均聚类系数

最高,平均最短路径在6以内。BA模型具有最短的平均最短路径,其中网络中度数越大的节点与更多的节点相连,表现出幂律特性。从图4-6(c)也可以看出,网络中存在多个高度枢纽节点。在两阶段广告传播模型中设置参数,生成网络演化图,$\beta_1=0.1$,$\mu=0.1$,$\gamma_1=0.01$,$\beta_2=0.1$,$\gamma_2=0.01$。我们给出了三种网络结构在$t=50$和$t=150$(接近峰值位置的时间点)的网络传播模式。

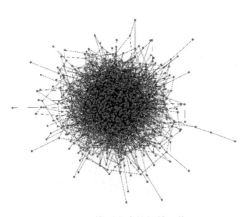

(a) ER模型生成的初始网络

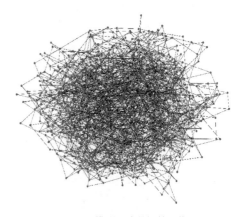

(b) WS模型生成的初始网络

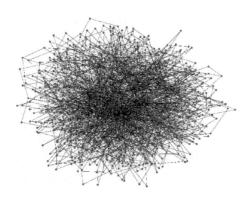

(c) BA模型生成的初始网络

图4-6 两阶段社交媒体广告传播模拟图

如图 4-7、图 4-8 和图 4-9 所示,通过观察三种图模型在第一和第二峰值的广告传播网络,可以发现在每个网络中,第二峰值位置的广告传播更加明显,即广告传播用户之间的红点增加,连接更加密集。相比之下,在 WS 小世界网络模型中的变化更为明显。从表 4-3 中 3 种模型在四个时间点的累计传播量可以看出,WS 和 BA 模型具有较好的广告传播效果。因此,在不同的社交媒体平台上,不同的社交网络特征也会对两阶段广告传播模型产生一定的影响。

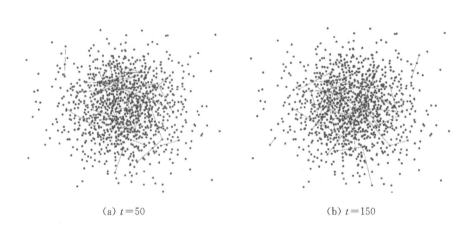

图 4-7 ER 模型的两阶段广告传播网络演化

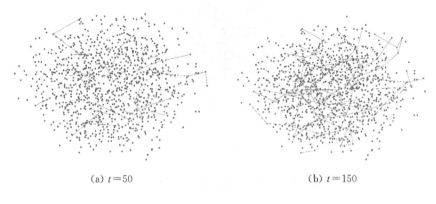

图 4-8 WS 模型的两阶段广告传播网络演化

图 4-9　BA 模型的两阶段广告传播网络演化

表 4-3　3 种网络模型图在四个时间点的累计广告传播量

累计数量	$t=50$	$t=100$	$t=150$	$t=200$
ER 模型	118	133	267	304
WS 模型	153	175	312	376
BA 模型	146	163	295	358

在现有的社交媒体平台上，我们首先可以发现，选择具有小世界网络特征（WS 模型）的社区会产生更好的传播效果，如 Facebook、Instagram、微信朋友圈等。其次，Twitter、Youtube、TikTok、微博名人网络等具有优先链接机制的社交媒体平台也表现出了有效的两阶段广告传播效果。BA 优先链接网络呈现出幂律特征，高度中心化的节点在广告传播中发挥着更突出的作用。但孤立的节点对整体效果的贡献比较小，导致 WS 模型具有更优越的整体传播效果。最后，研究发现以 ER 随机连接概率为基础的网络社区在广告传播中的扩散效果最差。因此，为了优化两阶段传染病模型的性能，将广告置于具有典型小世界或优先特质的社交网络中是一种理想的传播媒介。

4.4　参数仿真分析

在选定社交媒体平台和目标客户群后,两阶段模型的参数设置和投放策略值得进一步研究。通过对提出的两阶段 SMIR 广告传播模型进行评估,我们发现影响广告点击或购买的主要因素是潜在广告观众(S)到广告观众和分享者(I)的转化率β_1,第一阶段潜在广告观众(S)转化为广告免疫(M)的概率μ,以及第二阶段转化为广告观众和分享者(I)的概率β_2。因此,当另外两个参数固定时,我们需要分别考察这三个参数对总传播量的影响。从微分方程中,我们可以很容易地推导出,在其他参数固定的情况下,β_1和β_2的增加将提高广告观看者和分享者的数量。然而,它们对第一和第二阶段的影响还需要进一步观察。

4.4.1　参数 β_1 的影响分析

确定了其他两种过渡状态之间的转换系数后,给定$\mu=0.5$,$\beta_2=0.5$,$\gamma_1=0.01$,$\gamma_2=0.01$,我们考察了当$\beta_1=0.1$、0.2、0.3、0.4、0.5时,不同取值下的两阶段社交广告传播趋势,如图 4-10 所示。可以观察到,随着从状态 S 到状态 I 的传播概率β_1的增加,两阶段社交广告模型中第一阶段的广告传播者数量迅速增加,而第二阶段的广告传播者数量缓慢减少。

与第一阶段广告传播量的增加量相比,第二阶段广告传播量的减少量可以忽略不计。可以推断,对于第一阶段的广告投放策略,增加第一阶段的广告传播系数,尤其是当广告传播能力相对较低时($\beta_1=0.1$,0.2),会产生较

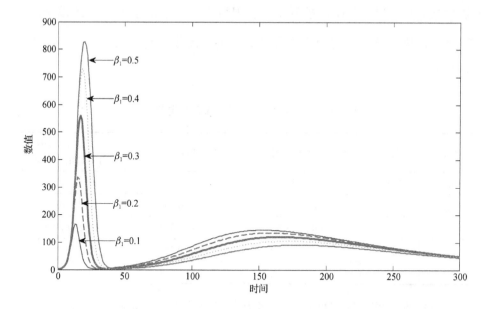

图 4-10　不同 β_1 下两阶段社交媒体广告模型传播量仿真

好的整体传播量。这是因为 β_1 较低时，SMIR 模型的传播量相对低于 SIR 模型中的数量。我们比较了基准模型（SIR 模型）和我们提出的模型（SMIR 模型）之间的传播量，如表 4-4 所示。

观察表 4-4 中两个模型的总传播量和持续时间，比较后可以得出一些结论。当传播系数较小时（$\beta_1 = 0.1, 0.2$），SIR 模型的最大传播量超过 SMIR 模型。增加第一阶段的广告传播系数对 SMIR 模式有利。在实践中，这意味着要优先考虑高质量内容和有影响力的广告，以吸引用户点击和购买。一旦传播系数增加到 $\beta_1 \geqslant 0.3$ 时，SMIR 模型的优势就会显现出来。β_1 越高，广告传播总量会远超过 SIR 模型。在持续时间方面，由于第二阶段的存在，两阶段模型的峰值相对于 SIR 模型，会随着持续时间的延长而延迟。SIR 模型的峰值随着传播系数的增加而缩短，而 SMIR 模型的峰值则会延长——允许更大的第二阶段广告间隔，以降低成本，同时改善传播。因此，当第一阶段的扩散系数超过0.3时，SMIR模型就会表现得更出色。由于基准SIR模型缺乏第二阶段，因此比较优势没有实际意义。重点部分是利用两阶段模型优化持续时间和因素的策略。

表4-4 SIR模型与SMIR模型的传播量比较

β_1值	时间	SIR模型中的峰值	双波峰时间点	SMIR模型中两个峰值的总和
0.1	79	338.336 8	(14,157)	311.629 9
0.2	38	562.521 2	(16,160)	471.279
0.3	26	666.243 8	(18,167)	679.878 9
0.4	20	726.683 7	(19,174)	834.620 3
0.5	16	767.092 1	(21,181)	919.429 8

因此，保持第一阶段的广告传播力度至关重要。例如通过增强第一阶段广告的创意性和多样性，优化广告受众的精准定位，以最大限度地发挥第一阶段的传播优势，获得更高的传播效果。对于第二阶段的广告传播，通过投放频率保持广告吸引力的同时，适当控制该阶段广告投放的下降趋势。就广告传播持续时间而言，随着从状态S到状态I的传播速率β_1的增大，第一阶段的广告传播持续时间会略有增加，而第二阶段的广告传播峰值位置会有所延迟，但持续时间没有明显变化。因此，在社交媒体平台上签订优秀广告的播放时长合同时，应增加第一阶段的时长，同时控制第二阶段的广告播放时长。

4.4.2 参数β_2的影响分析

同样，在其他参数不变的情况下，设置$\beta_1=0.5$，分析$\beta_2=0.1$、0.2、0.3、0.4、0.5时的不同取值下，两阶段广告传播模型的变化。模拟结果如图4-11所示。可以发现，在改变第二阶段广告传播系数的两阶段社会广告传播模型

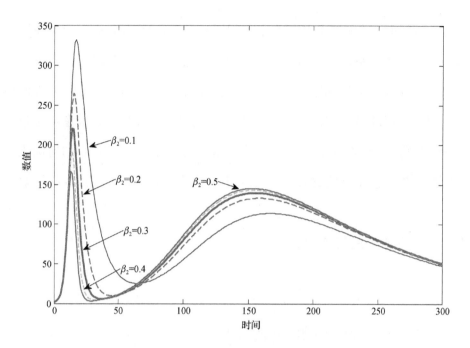

图 4-11 不同 β_2 下两阶段社交媒体广告模型传播量仿真

中,随着系数的增大,第二阶段的广告传播量增大,但也会导致第一阶段广告传播量的较小下降。

当传播系数较低时,增大系数会导致第二阶段广告传播量显著增加,而第一阶段广告传播量显著减少。这意味着当第二阶段广告传播系数率较低($\beta_1 = 0.1$,0.2)时,相对较快地在第二阶段加大力度,会大大降低第一阶段原有的广告传播效果。因此,在向同一社会受众投放第二阶段广告时,不同广告投放的间隔时间不宜过短。较早的第二阶段广告投放和较高的投放频率,会损害第一阶段广告的传播量。

提高第二阶段广告的力度,即增加 β_2,会使第一阶段和第二阶段的广告传播更快达到峰值,进而缩短第一阶段广告的持续时间,延长第二阶段广告的持续时间。然而,这些持续时间变化的幅度很小,并且不会显著影响整个广告持续时间。在社交媒体平台上使用两阶段广告时，公司应密切关注第一阶段广告的转化率，并模拟有效的传播时间。然后，在下降阶段，企业可以根据单位成本选择适当的第二阶段广告投放时机。总体来讲，在两阶段模型中，在第二阶段广告投放中保持较低的投入有利于总体传播。这意味着第二阶段的广告可能不需要进一步的内容更新或更换代言人。然而，如何优化第二阶段广告以获得最佳效果，还需要对其他参数的影响进行更深入的探索。

4.4.3 参数 μ 的影响分析

接下来，本书将分析第二阶段潜在用户比率 μ 对广告传播总量的影响。为了调整进入第二阶段的用户比值，分别设置 $\beta_1=0.5$，$\beta_2=0.5$，$\mu=0.1$、0.2、0.3、0.4、0.5（不失一般性）。我们观察到 300 个时间单位内广告传播总量的变化，如图 4-12 所示。

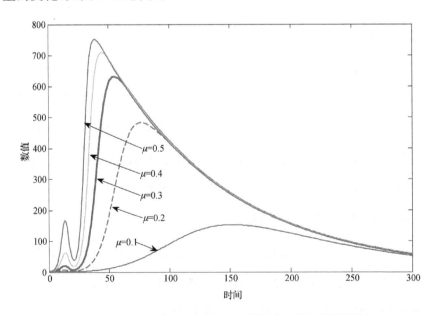

图 4-12　不同 μ 值条件下两阶段社交媒体广告模型传播量的仿真

第 4 章 社交媒体广告传播分析

该图显示,随着第二阶段潜在广告客户比例的提高,两个广告阶段的观看者和分享者数量也会增加。这表明两阶段广告方法存在更优的传播路径。当进入第二阶段的被吸引用户比例较小时（$\mu=0.1,0.2$），第一阶段广告传播总量较低,而第二阶段广告传播总量较高。随着该比值的增大,当 $0.3 \leqslant \mu \leqslant 0.5$ 时,总传播量和每阶段传播量均会增加。第二阶段吸引的潜在用户不会对第一阶段传播产生负面影响。事实上,第二阶段广告力度的加大,可以增加第一阶段广告的传播。

这一现象的解释如下：在第二阶段,社区和推广调整吸引了用户的兴趣。这使得潜在用户注意到、关注并分享广告产品。然后,他们发现第一阶段的广告内容,从而也查看或分享最初的广告。这略微增加了第一阶段的传播。因此,社交媒体上的两阶段传播方式可提高传播总量。在某些情况下,第二阶段的传播可能会超过第一阶段。为了对第一阶段也产生影响,第二阶段广告的比例必须上升,这就要求第二阶段做出更大投入,以实现更显著的总增长。然而,当第二阶段的比例上升到一定水平时（例如,μ 从 0.4 升至 0.5），第一阶段的增长放缓,而第二阶段的增长下降。考虑到广告成本,平台应权衡成本上升和传播效益。

在持续时间方面,随着第二阶段吸引率的增长,稳定传播的总持续时间保持相似,但峰值出现时间略有不同。提高第二阶段比率对第一阶段高峰持续时间的影响最小,但会迅速缩短第二阶段传播总量达到峰值的时间。因此为了有效地产生更大的影响,第二阶段广告应吸引尽可能多的潜在受众。此外,投放间隔与第一阶段影响呈正相关。对于第一阶段影响可以忽略不计的广告,其第二阶段的投放时间应适当延长。在实现第一阶段目标后,更接近的第二次投放时机能够在提高第一阶段的影响的同时,避免错过最佳的第二阶段影响,以实现更好的传播效果。因此,企业可以根据第一阶段的效果优化第二阶段的投放时机。关于总时长和成本，企业可以与平台协商合理的时长。对于第二阶段效果显著的广告，公司则可以选择较短的持续时间，从而节省成本。例如，在产品发布之前，苹果公司通常会发布相关的预热广告，使发布会成为更具影响力的第二阶段。

4.4.4 两阶段社交媒体广告的传播率分析

对于两阶段社交媒体广告传播，广告免疫率也会影响广告持续时间和总传播。在两阶段模型中，每个阶段的观看率和分享率与免疫率形成二维矩阵关系。我们用 $\rho_1=(\beta_1+\beta_2)/\gamma_1$，$\rho_2=\mu/(\gamma_2+\beta_2)$ 来表示基本转化率。结果如表 4-5 所示，有四种情况：$\rho_1>1, \rho_2>1$；$\rho_1>1, \rho_2\leqslant 1$；$\rho_1\leqslant 1, \rho_2>1$；$\rho_1\leqslant 1, \rho_2\leqslant 1$。为了更方便地比较这两个比率的变化，我们将前两种情况设置为 $\gamma_1=0.1$，$\gamma_2=0.1$，后两种情况设置为 $\gamma_1=0.3$，$\gamma_2=0.1$。然后调整 β_1、β_2 和 μ 值，观察四种情况下的变化规律。

表 4-5 四种情况下的两阶段社交媒体广告模型参数设置

情况	β_1, β_2	μ	ρ_1	ρ_2
$\rho_1>1, \rho_2>1$ ($\gamma_1=0.1$)	$\beta_1=0.3, \beta_2=0.1$	$\mu=0.3$	$\rho_1=4$	$\rho_2=3/2$
	$\beta_1=0.3, \beta_2=0.1$	$\mu=0.4$	$\rho_1=4$	$\rho_2=2$
	$\beta_1=0.3, \beta_2=0.2$	$\mu=0.4$	$\rho_1=5$	$\rho_2=4/3$
$\rho_1>1, \rho_2\leqslant 1$ ($\gamma_1=0.1$)	$\beta_1=0.3, \beta_2=0.1$	$\mu=0.1$	$\rho_1=4$	$\rho_2=1/2$
	$\beta_1=0.3, \beta_2=0.2$	$\mu=0.1$	$\rho_1=5$	$\rho_2=1/3$
	$\beta_1=0.3, \beta_2=0.2$	$\mu=0.15$	$\rho_1=5$	$\rho_2=1/2$
$\rho_1\leqslant 1, \rho_2>1$ ($\gamma_1=0.3$)	$\beta_1=0.1, \beta_2=0.1$	$\mu=0.3$	$\rho_1=2/3$	$\rho_2=3/2$
	$\beta_1=0.1, \beta_2=0.1$	$\mu=0.4$	$\rho_1=2/3$	$\rho_2=2$
	$\beta_1=0.1, \beta_2=0.2$	$\mu=0.4$	$\rho_1=1$	$\rho_2=4/3$

（续表）

情况	β_1, β_2	μ	ρ_1	ρ_2
$\rho_1 \leqslant 1, \rho_2 \leqslant 1$ ($\gamma_1 = 0.3$)	$\beta_1 = 0.1, \beta_2 = 0.1$	$\mu = 0.1$	$\rho_1 = 2/3$	$\rho_2 = 1/2$
	$\beta_1 = 0.1, \beta_2 = 0.2$	$\mu = 0.1$	$\rho_1 = 1$	$\rho_2 = 1/2$
	$\beta_1 = 0.1, \beta_2 = 0.2$	$\mu = 0.2$	$\rho_1 = 1$	$\rho_2 = 2/3$

（1）情况 1：$\rho_1 > 1$，$\rho_2 > 1$

在这种情况下，两个阶段的观看率和分享率都超过了免疫比率，总体而言，社交媒体广告传播处于最佳状态。提高第一阶段广告的转化率可以增加其传播效果。类似地，增加第二级转化率也会促进其传播。如图 4-13 左上角所示，在其他参数固定的情况下（$\beta_1 = 0.3$，$\beta_2 = 0.1$），进入第二阶段的潜在客户越多（μ 值越大），第二阶段转化率（ρ_2）越高则第二阶段的传播量越高。但是，它对第一阶段传播的影响更大。在其他因素不变的情况下，增加 β_2 值可以改善第一阶段的转化和传播。因此，在情况 1 中，保持和提高第一阶段的转化率有利于改善整体传播。此外，在达到第一阶段目标后，企业可以适

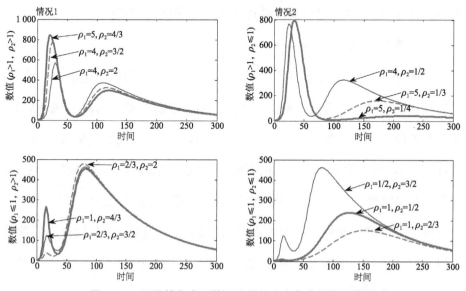

图 4-13　不同转化率下的两阶段社交广告传播模型模拟

当增加第二阶段传播系数（β_2）。这会使得用户对第一阶段产生更大的兴趣，从而进一步提高其传播效果。

（2）情况 2：$\rho_1 > 1$，$\rho_2 \leqslant 1$

在情况 2 中，随着第二阶段转化率的降低，第一阶段的传播量也会下降。第一阶段传播的主要驱动因素是其自身的转化率，第二阶段转换的影响较小。在这里，在第一阶段转换率相同的情况下，较高的第二阶段转换率会促进其传播。因此，在第二阶段转化率较低的情况下，调整广告内容、提高质量或更换代言人等措施可以在不影响第一阶段表现的情况下提高总传播率。我们还注意到，当第二阶段的效果不佳时（$\rho_2 = 1/2$），如图 4-13 的右上角所示，增加第一阶段的转化率确实会提高其传播率。然而，一旦 ρ_1 大于等于 5，第二阶段传播的降低幅度就会超过第一阶段的增益。就广告持续时间而言，达到峰值则需要更多的时间，因而需要更多广告支出。因此，我们得出结论，如果第二阶段传播效果并不理想，加强第一阶段的投入不能增加总的传播效果，甚至可能会导致结果更糟。维持现状将是更明智的选择。

（3）情况 3：$\rho_1 \leqslant 1$，$\rho_2 > 1$

从图 4-13 左下方和右下方可以明显看出，当第一阶段转化率 $\rho_1 \leqslant 1$ 时，其传播量小于第二阶段。因此，对于社交平台来说，当第一阶段表现滞后时，使用两阶段模型是明智的。在这种情况下，提高第一阶段转化率会促进其传播，而不会对第二阶段产生较大的影响。相反，虽然提高第二阶段转化率（如 ρ_2 从 3/2 增加到 2），会增加一些第二阶段的传播，但总体上并不显著，而第一阶段则明显下降。在持续时间方面，广告播放时间保持稳定，使得第二阶段的投入只能达到一半效果。因此，在这种情况下，保持第二阶段并改进第一阶段是更优策略。

(4) 情况 4: $\rho_1 \leqslant 1$, $\rho_2 \leqslant 1$

当免疫率在两个阶段都超过观看率和分享率时,传播会处于最低点。如图 4-13 右下所示,即使增加第一阶段的转换率也无法提高传播率。主要原因是,第二阶段的传播系数 β_2 的增加(从 0.1 到 0.2)会迅速减少第一阶段的数量。该系数也会影响第二阶段的传播数量。当 β_2 稳定时,第二阶段转化率(ρ_2)的升高会增加其传播。然而,这发生在低 β_2 的情况下,即在之前的投入之后。因此,当第二阶段的传播系数较低时,最优策略是不进行调整,因为过早的投入会使两个阶段都受到影响。在转化率较低的情况下,最优对策是不考虑第一阶段的表现,在第二阶段利用较低的传播系数,以最小化广告支出,来迅速结束两个阶段。

综上所述,所提出的两阶段社交广告传播模型表明,当第一阶段在社交平台上取得较好的效果时,加强第二阶段传播的同时增加或保持第一阶段的投入将优化整体传播效果。如果第二阶段表现不佳,保持第一阶段传播系数而不对第二阶段的内容或形式进行额外调整是最佳选择。相反,如果第一阶段的社交广告传播较差,而第二阶段的社交广告传播较强,那么战略方法应该是在改进第一阶段的同时保留第二阶段的投入。但是,如果两个阶段的传播都很弱,则应最小化第二阶段系数,以便以最低的成本快速结束传播,然后再以增强的两阶段方法重新开始。

在购买社交平台广告时,我们的模型建议在内容、形式和代言人方面进行稳健的第一阶段投资,以满足受众的兴趣,实现精确定位。这样很容易在两个阶段均实现高转化率。即使第二阶段效果不佳,也无需进一步投入,因为第一阶段仍将继续传播。总而言之,虽然要求适当控制间隔,但两级模型仍优于单级模型。通过在四种情况中应用我们的模型,公司可以根据自己的情况确定理想的策略,并与平台协商合适的广告持续时间,以最小化费用并最大化传播影响。

4.5 结论

随着社会化媒体广告的发展及其独特的传播动态,本研究提出了一个基于 SIR 框架的两阶段社会化广告模型 SMIR 模型,以优化广告效果。我们模拟了两阶段广告传播在 ER 随机网络、WS 小世界网络和 BA 优先链接网络中的演化过程,还分析了各种参数,包括每个阶段的传播系数(β_1,β_2)、第二阶段潜在用户的比例(μ),以及转化率(ρ_1,ρ_2)的影响。由此,我们为四种情况制定了社交媒体广告策略、社区定位、在各个阶段分配广告投入,以便转化率最大化。总的来说,主要结论如下。

(1) 两阶段的社会广告应该针对具有小世界和优先链接特性的社区。我们比较了 ER 随机网络、WS 小世界网络和 BA 优先链接网络中广告传播的演化和范围,结果发现,在 WS 小世界网络中广告达到了实质性的峰值量,因此在社交平台上,小世界社区能够带来更好的广告效果。尽管 BA 网络具有幂律分布和多连接的影响节点,但 WS 网络的短扩散路径使其更利于传播,而 ER 随机社区的传播效果最差,因此选择目标社区时,应优先考虑前两种网络类型。

(2) 对于两阶段的广告投放,提高第一阶段广告投入力度会增加整体的广告传播。社交媒体广告需要在最初的广告内容和质量上做出最大努力。只有当第一阶段的趋势逐渐减弱时,第二阶段才应开始,并适当间隔一段时间。第二阶段不需要与第一阶段的投入水平相匹配,可以保持相对较低的投入水平(如本实验 $\beta_2=0.2$)。如果第二阶段表现不佳,则可以适当增加其投入。

(3) 当进入第二阶段的潜在用户比例(μ)较低时,提高这一比例可以显著促进第二阶段的传播,并适度改善第一阶段的传播。随着该比例的增大,其对第一阶段的影响也会增加。然而,一旦超过阈值($\mu \geqslant 0.3$),进一步增加第二阶段潜在传染者的比例对第二阶段传播产生的影响就会减弱。因此,第二阶段对于提升整体广告影响力非常重要。此外,将第二阶段潜在感染者份额控制在一定水平($\mu=0.3$)也是十分重要的。关于广告活动的持续时间和滞后时间,第一阶段表现不佳的广告在过渡到第二阶段时应适当延长广告持续时间,避免第二阶段之前广告时长过快下滑。对于第一阶段表现强劲(β_1 较大)的广告,持续时间应接近第一阶段,以优化第二阶段传播,从而增强两个阶段的扩散。

(4) 在两阶段转化率的四种场景下,当社交平台广告在两个阶段都达到高转化率时($\rho_1>1$, $\rho_2>1$),提升或保持较高的第一阶段传播系数,同时增加第二阶段 β_2,可使总传播量最大化。然而,当第二阶段性能较差时($\rho_1>1$, $\rho_2 \leqslant 1$),保持第一阶段的 β_1 而不增加第二阶段的投资是最优的。当第一阶段传播较弱,而第二阶段传播能力较强时($\rho_1 \leqslant 1$, $\rho_2>1$)时,最优策略是维持第二阶段投入的同时,努力增强第一阶段。另外,当两个阶段都表现不佳($\rho_1 \leqslant 1$, $\rho_2 \leqslant 1$)时,最佳策略是在第二阶段传播系数较低的情况下迅速结束两个阶段,然后以更高的传播系数重新开始。

综上所述,本研究建立了一个两阶段社交媒体广告模型,以阐明社交平台活动的目标社区特征和动态。通过模拟分析,本研究探讨了不同的阶段比例和参数如何影响整体广告传播覆盖范围和持续时间,从而得出有关两阶段投入和时间的最优决策策略。最后,在四种转化率的情况下,研究得出了最优的企业社交媒体广告策略。这一发现为利用传染病模型科学地选择两阶段广告的投入和持续时间以最大限度地扩大传播范围、优化决策提供了指导。总之,两阶段模型为战略性社交媒体广告提供了重要启示,对社交媒体机构和企业决策者具有实用价值。

4.6 本章小结

社交媒体平台上由于用户的广泛参与,平台上广告的传播方式有别于传统电商平台和线下平台,为了更好地进行广告投放,迫切需要研究社交平台上的广告信息传播规律。为此,本章采用了传染病模型来模拟广告信息在社交媒体中的传播。考虑社交媒体平台上的广告投放存在不同阶段的特征,构建了两阶段社交广告传染病模型(SMIR),在仿真确定小世界网络和优先链接网络结构的目标群体后,初步探讨了社交媒体平台广告信息的传播特征,研究了不同的传播系数、潜在传染者比率,特别是两个阶段的转化率对广告投放的影响,拓展了理论讨论的广度。研究成果可以帮助企业优化和完善两个阶段之间的广告投放力度分配、时机和持续时间。

参考文献

[1] ALALWAN A A. Investigating the impact of social media advertising features on customer purchase intention[J]. International journal of information management, 2018, 42: 65-77.

[2] CHU S C, DENG T, CHENG H. The role of social media advertising in hospitality, tourism and travel: a literature review and research agenda[J]. International journal of contemporary hospitality management, 2020, 32(11): 3419-3438.

[3] YAN Z, ZHOU X, REN J, et al. Identifying underlying influential factors in information diffusion process on social media platform: a hybrid approach of data mining and time series regression[J]. Information processing & management, 2023, 60(5): 103438.

[4] GUAN F, QIAN C, HE F Y. A knowledge distillation-based deep interaction

compressed network for CTR prediction[J]. Knowledge-based systems, 2023, 275: 110704.

[5] LIANG Z W, HE Q, DU H W, et al. Targeted influence maximization in competitive social networks[J]. Information sciences, 2023, 619: 390-405.

[6] KIM D Y, KIM H Y. Influencer advertising on social media: The multiple inference model on influencer-product congruence and sponsorship disclosure[J]. Journal of business research, 2021, 130: 405-415.

[7] KANDHWAY K, KURI J. Using Node Centrality and Optimal Control to Maximize Information Diffusion in Social Networks[J]. IEEE transactions on systems man cybernetics: systems, 2017, 47(7): 1099-1110.

[8] LIN L F, LI Y M, WU W H. A social endorsing mechanism for target advertisement diffusion[J]. Information & management, 2015, 52(8): 982-997.

[9] WU X D, FU L Y, WANG S Q, et al. Collective Influence Maximization in Mobile Social Networks[J]. IEEE transactions on mobile computing, 2023, 22(2): 797-812.

[10] KUMAR S, MALLIK A, KHETARPAL A, et al. Influence maximization in social networks using graph embedding and graph neural network[J]. Information sciences, 2022, 607: 1617-1636.

[11] KUMAR S, MALLIK A, PANDA B S. Influence maximization in social networks using transfer learning via graph-based LSTM[J]. Expert systems with applications, 2023, 212: 118770.

[12] ALALWAN A A, RANA N P, DWIVEDI Y K, et al. Social media in marketing: A review and analysis of the existing literature[J]. Telematics and informatics, 2017, 34(7): 1177-1190.

[13] LEEFLANG P S H, VERHOEF P C, DAHLSTRÖM P, et al. Challenges and solutions for marketing in a digital era[J]. European management journal, 2014, 32(1): 1-12.

[14] DWIVEDI Y K, ISMAGILOVA E, HUGHES D L, et al. Setting the future of digital and social media marketing research: Perspectives and research propositions [J]. International journal of information management, 2021, 59: 102168.

[15] TIAN T, ZHAO N. The impact of social media marketing on the dissemination of mini program in social network with different community structure [J]. Journal of information science, 2023: 1.

[16] GAO Q, FENG C Y. Branding with social media: User gratifications, usage patterns, and brand message content strategies[J]. Computers in human behavior, 2016, 63: 868-890.

[17] HUDSON S, HUANG L, ROTH M S, et al. The influence of social media interactions on consumer-brand relationships: a three-country study of brand perceptions and marketing behaviors[J]. International journal of research in marketing, 2016, 33(1): 27-41.

[18] DOSHI R, RAMESH A, RAO S. Modeling influencer marketing campaigns in social networks[J]. IEEE transactions on computational social systems, 2023, 10(1): 322-334.

[19] TENG S S, KHONG K W, CHONG A Y L, et al. Persuasive Electronic Word-of-Mouth Messages in Social Media[J]. Journal of computer information systems, 2017, 57(1): 76-88.

[20] HARRIGAN P, EVERS U, MILES M, et al. Customer engagement with tourism social media brands[J]. Tourism management, 2017, 59: 597-609.

[21] VOORVELD H A M, VAN NOORT G, MUNTINGA D G, et al. Engagement with social media and social media advertising: the differentiating role of platform type[J]. Journal of advertising, 2018, 47(1): 38-54.

[22] GU W, CHAN K W, KWON J, et al. Informational vs. emotional B2B firm-generated-content on social media engagement: computerized visual and textual content analysis [J]. Industrial marketing management, 2023, 112: 98-112.

[23] LIU S Q, MATTILA A S. Airbnb: online targeted advertising, sense of power, and consumer decisions[J]. International journal of hospitality management, 2017, 60: 33-41.

[24] SINGH V, NANAVATI B, KAR A K, et al. How to maximize clicks for display advertisement in digital marketing? A reinforcement learning approach[J]. Information systems frontiers, 2022, 25(4): 1621-1638.

[25] TAPANAINEN T, DAO T K, NGUYEN T T H. Impacts of online word-of-mouth and personalities on intention to choose a destination[J]. Computers in human behavior, 2021, 116: 106656.

[26] DUFFETT R G. Facebook advertising's influence on intention-to-purchase and purchase amongst Millennials[J]. Internet research, 2015, 25(4): 498-526.

[27] SREEJESH S, PAUL J, STRONG C, et al. Consumer response towards social media advertising: effect of media interactivity, its conditions and the underlying mechanism [J]. International journal of information management, 2020, 54: 102155.

[28] GORDON B R, ZETTELMEYER F, BHARGAVA N, et al. A comparison of approaches to advertising measurement: evidence from big field experiments at Facebook[J]. Marketing science, 2019, 38(2): 193-225.

[29] CHIONG K X, SHUM M, WEBB R, et al. Combining choice and response time data: a drift-diffusion model of mobile advertisements[J]. Management science, 2024, 70(2): 1238-1257.

[30] HUDDERS L, DE JANS S, DE VEIRMAN M. The commercialization of social media stars: a literature review and conceptual framework on the strategic use of social media influencers[J]. International journal of advertising, 2021, 40(3): 327-375.

[31] YANG S X, SONG J B, TONG S X, et al. Extending influence maximization by optimizing the network topology[J]. Expert systems with applications, 2023, 215: 119349.

[32] CHANG C L H, WU S. Using online social networks to globalize and popularize product brands in different cultural areas: a relational network model[J]. Journal of global information management, 2021, 29(6): 1-30.

[33] DE MAIO C, GALLO M, HAO F, et al. Fine-grained context-aware ad targeting on social media platforms[C]//2020 IEEE International Conference on Systems, Man, and Cybernetics (SMC). Toronto: IEEE, 2020: 3059-3065.

[34] GOMEZ-GARDENES J, DE BARROS A S, PINHO S T R, et al. Abrupt transitions from reinfections in social contagions[J]. EPL, 2015, 110(5): 58006.

[35] SUN Y, MA L, ZENG A, et al. Spreading to localized targets in complex networks [J]. Scientific reports, 2016, 6: 38865.

[36] ZHAO T F, CHEN W N, LIEW A W C, et al. A binary particle swarm optimizer with priority planning and hierarchical learning for networked epidemic control[J]. IEEE transactions on systems man, and cybernetics: systems, 2021, 51(8): 5090-5104.

[37] PAZOKI M, SAMARGHANDI H. Word-Of-Mouth and estimating demand based on network structure and epidemic models[J]. European journal of operational research, 2021, 291(1): 323-334.

[38] XIE R Q, ZHANG W D. Research on information dissemination of blockchain network community under the action of negative incentive mechanism[J]. Journal of information science, 2022, 50(2): 342-354.

第 5 章

基于两阶段传染病模型的植入式广告传播分析

第5章 基于两阶段传染病模型的植入式广告传播分析

5.1 植入式广告传播机制分析

在当今不断发展的社交网络平台上,植入式广告已成为一种热门的营销方式。过去的研究主要关注植入式广告的影响因素,如用户对广告信息的信任机制,用户与影响者之间的社会互动关系,而缺乏对整个社会网络的综合考虑。因此,本节将结合实际案例和现有研究,重新描述植入式广告的作用机制,以更好地理解其在社交网络中的影响。

5.1.1 植入式广告传播方式

植入式广告是一种将品牌推广信息有机嵌入到非商业性的视频内容中的营销方式。品牌广告投放的最终目标是提高来自感兴趣用户的付费收入。提升收入的重要路径之一是扩大广告传播范围,提升触达用户数。作为用户间互动的重要方式,转发能够增加社交网络上植入式广告视频的曝光率,因此,本章定义进行转发的用户为被感染用户,他们极大提升了广告曝光率,提升了广告主的收益。同时,并非所有用户都会进行分享,我们定义观看广告视频后对视频感兴趣、进行点赞收藏等行为的用户进入犹豫状态,他们对视频内容认可,但还在犹豫是否进行转发。用户接触植入式广告的途径包括系统触达和被感染用户转发两种途径。

(1)系统触达。首先,系统推送是一种高效且直接的广告传播方式。这种方式依赖于广告系统和推荐系统的协同工作。广告系统根据商家的付费金额来决定广告的推送量,这体现了广告传播中的经济原则,即投入与回报的正相关关系。而推荐系统则更加智能化,它根据内容类型、热度等指标,免费推送给其他可能感兴趣的人。这种推送方式不仅考虑了广告的经济效益,还兼顾了用户体验和内容质量,使得广告能够在保证用户满意度的前提下,实现更广泛的传播。

(2)被感染用户转发。用户转发是植入式广告传播的另一种重要途径。当某一用户在被系统推送后,如果广告内容能够深度激发其兴趣或情感共鸣,那么用户就可能选择将广告转发给朋友。这种转发行为不仅扩大了广告的传播范围,还增强了广告的影响力和信任度。因为朋友之间的推荐往往更具有说服力,更易引发接收者的关注和兴趣。

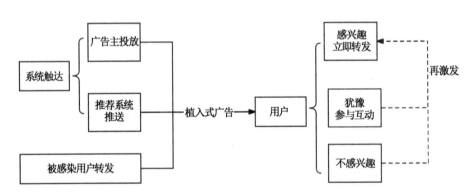

图 5-1 社交网络植入式广告传播流程图

当用户看到植入式广告后,对广告中的产品完全没有需求的用户会迅速划走,而对内容强烈感兴趣的用户会直接进行转发。然而,在实际情况中,更多的用户可能不会立即转发广告,但他们会对视频内容进行互动,如浏览、点赞、评论等。这些互动行为虽然看似微小,却能够显著提高植入式广告视频的热度。

在线视频内容的传播机制正是基于用户的这些互动行为。推荐算法会通过对用户行为的分析,挖掘用户对内容的偏好和潜在需求,然后将最符合用户兴趣的内容推送给他们。在这个过程中,广告视频的热度成为决定算法推送量的重要因素。热度值的计算通常依赖于用户互动行为的数据,如浏览量、点赞数、评论数等[1]。这些数据能够客观地反映出用户对视频内容的关注度和喜好程度。通过按照一定的权重对各项得分进行加总计算,我们可以得出一个相对准确的热度值,从而确定广告视频的推送优先级。

因此,对于广告主来说,要想提高植入式广告的传播效果,除了优化广告内容和形式外,还需要积极引导用户进行互动,提高广告视频的热度。同时,也可以通过与平台方的合作,优化推荐算法,实现更精准、更高效的广告推送。

5.1.2 植入式广告传播案例

(1) 哔哩哔哩平台特点

随着自媒体平台的崛起,植入式广告在视频内容中的传播已成为营销领域的一大热点。特别地,哔哩哔哩平台以其独特的用户构成和内容生态,为植入式广告提供了肥沃的生长土壤。

首先,哔哩哔哩用户群体以 Z 世代为主,这一年轻群体对新鲜事物和个性化内容具有较高的接受度和喜好度。相较于短视频平台上的植入式广告,哔哩哔哩上的中长视频内容因其深度和广度,为植入式广告提供了更广阔的创意空间。这种形式的广告不仅营销作用显著,而且能够深度融入内容之中,与观众产生情感共鸣,从而增强广告效果[2]。

其次,从成本效益角度分析,视频平台的植入式广告相较于传统媒介具有显著优势。其制作和投放成本相对较低,但能够借助平台的流量优势实现广泛的传播。此外,视频平台的植入式广告具有较高的亲和性和冲击力,能够更直接地触达目标受众,产生持续的品牌影响[3]。同时,哔哩哔哩平台独特的营销策略也为植入式广告的传播提供了有力支持。平台注重与用户的互动,通过多样化的活动和激励机制,鼓励用户自发进行品牌的宣传。这种基于口碑传播的营销策略不仅提高了品牌知名度和吸引力,还增强了用户与品牌之间的情感联系。

在哔哩哔哩社交网络中,当影响者发布植入式广告视频后,其粉丝或被推荐用户可以观看该广告视频。随后,用户可以对该广告信息进行分享、评论、点赞,以及发表弹幕等。若用户分享了该广告信息,则视频影响面则进一步扩大至其他用户,用户又可以再次进行分享等互动行为,如此循环,哔哩哔哩社交网络中的广告信息可以得到裂变式地传播。

(2)哔哩哔哩的广告形式

哔哩哔哩平台自成立以来,始终坚持独特的广告策略,其拒绝添加视频贴片广告的坚持使得植入式广告成为其主要广告形式之一。目前,哔哩哔哩主要推广的广告类型侧重于面向年轻受众的深度品牌营销,主要包括品牌定制和内容植入这两种方式。

具体来看,其植入式广告的形式多种多样,包括视频播放窗口下方设置广告链接、弹幕广告、视频内容直接植入、情景演绎植入和视频中隐蔽式植入等五种形式[4]。其中,视频播放窗口下方的广告链接的形式直接链接至相关产品,方便观众进行点击和购买。而弹幕广告则通过观众的互动和讨论,使得广告内容更贴近用户的观看体验。视频内容直接植入的方式则是将广告元素自然地融入视频情节中,使观众在欣赏内容的同时,也能接收到广告信息。情景演绎植入和视频中隐蔽式植入则是更加巧妙的广告形式,前者通过故事情境展示产品或品牌,后者则通过隐蔽的方式将广告元素融入视频,使观众在不知不觉中接受广告信息。

第5章 基于两阶段传染病模型的植入式广告传播分析

哔哩哔哩已探索出丰富成熟的植入式广告形式。其中,通过产品测评或场景植入的方式展现商品的属性,向消费者传递商品相关信息占主要比例,这种形式的广告最常见于数码区。数码区作为哔哩哔哩的一个重要二级分区,汇聚了大量专注于数码产品测评的视频创作者。这些创作者通过深度解析和对比各类数码产品,为观众提供详尽的购买参考。品牌方通过与这些创作者合作,制作产品测评视频,将广告信息巧妙地植入其中,实现品牌影响力的有效扩散。

(3) 案例分析

本章以哔哩哔哩平台上苹果公司推广 Vision Pro 智能穿戴设备的植入式广告为例,深入研究了其广告传播效果。通过收集 2023 年 6 月 5 日至 2024 年 2 月 26 日期间的视频数据,包括发布视频数量、播放量、点赞、投币、收藏、转发和评论等指标,本章得以对广告的传播效果进行量化分析。相关数据走势如图 5-2 所示。

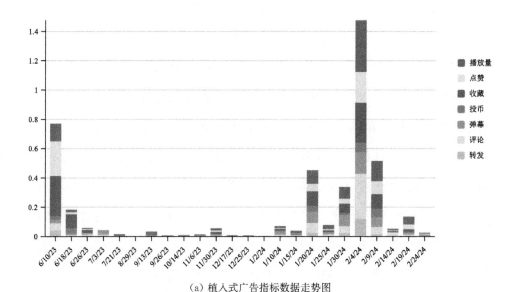

(a) 植入式广告指标数据走势图

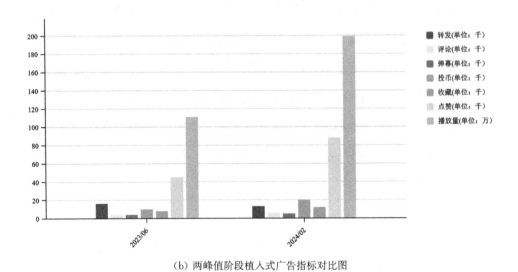

(b) 两峰值阶段植入式广告指标对比图

图 5-2　哔哩哔哩平台 Vision Pro 产品植入式广告数据

图 5-2(a)清晰地揭示了广告传播效果在 2023 年 6 月和 2024 年 2 月两个时间段达到高峰,其传播呈现出两阶段特点。结合产品的时间线分析,我们发现这两个高峰与苹果公司的营销活动紧密相关。2023 年 6 月,苹果公司举办了 Vision Pro 发布会,吸引了众多数码博主现场体验并录制视频,从而在互联网上引发了关于新产品的热烈讨论。而在 2024 年 2 月,随着 Vision Pro 产品的正式发布,更多的数码博主和数码爱好者购入产品,进行测评或分享日常体验视频,进一步扩大了在社交平台上的讨论范围。

图 5-2(b)则详细对比了这两个高峰时刻的各项指标数据。在第一阶段,产品营销迅速扩散,用户互动尤其是转发行为较为活跃,商家通过将新产品精准投放至目标人群,激发了强烈的互动。然而,在第二阶段,虽然扩散范围大幅度增加,但用户互动指标的上升幅度相对较小。这表明部分第一阶段活跃的用户在第二阶段可能已经流失,但由于产品消息成功破圈,吸引了新的用户群体或对流失用户实现了再吸引,最终使得扩散范围仍呈现上升

趋势。

综上所述,通过对现实案例的深入分析,植入式广告的传播模型展现出了以下显著特点:

1) 传播过程具有鲜明的两阶段性特征,两个阶段的主要受众人群特征存在明显的差异性。

2) 第一阶段的传播范围相对较小,但用户互动率高,产品意识在目标客户群体内快速传播。

3) 进入第二阶段后,互动指标相对下降,第一阶段的活跃用户存在一定程度上的衰退;然而,在这一阶段,广告的感染率却得到了增强,成功吸引了那些在第一阶段对广告不感兴趣或兴趣已经衰退的用户。产品消息"破圈",促进了传播范围的大幅度增加。

5.2 植入式广告在社会网络上的传播机制

结合现实案例,植入式广告的传播过程及其特点为我们深入理解广告的传播机制提供了宝贵线索,这对于我们设计有效的传播策略至关重要。然而,除了传播过程和特点,传播概率同样是一个不容忽视的关键因素。传播概率反映了用户在不同状态之间转变的可能性,它揭示了用户为何会被植入式广告吸引的内在原理。因此,在本节中,我们借鉴现有研究成果,更全面地解释不同阶段植入式广告吸引用户的原理,为建立广告传播模型提供有力支持。

5.2.1 阶段一:直接传播——广告扩散

社会网络的形成在很大程度上依赖于信息效用和交流效用。在广告传播的第一阶段，植入式广告对单个用户的作用尤为明显，这种信息价值被定义为植入式广告扩散的直接效应。在社交媒体环境中，用户的主要目的是获取信息和与同伴交流。由于全面获取某一产品的信息通常具有难度，而用户能够通过网络中的交流找到所需信息，并在这一过程中发现与自己兴趣相投的伙伴。在广告扩散的情境下，产品信息在用户网络中的传播使得原本对此不知情的用户得以了解相关信息。

根据已有研究，植入式广告的传播过程涉及用户吸引力受多方面因素影响的复杂机制。首先，信息质量在吸引用户方面扮演着举足轻重的角色。例如，当植入式广告的信息来源于一位在数码领域享有盛誉的博主时，其深厚的专业知识和独到的见解能够极大地增强广告的吸引力。观众因此更可能对产品的功能和性能产生兴趣，进而愿意接受广告所传递的信息[5]。此外，广告的参与度也是另一个关键的吸引因素。举例来说，当一家电子产品公司与数码博主合作，并在其视频中嵌入互动广告环节时，如举办有奖问答活动，观众不仅会对广告内容产生浓厚的兴趣，还会积极参与其中，这将进一步提升广告的吸引力。

另外，影响者与用户之间建立的关系也对广告的吸引力产生深远影响。那些与粉丝建立了紧密社交关系的博主，通过频繁的互动、评论回复以及生活点滴的分享，赢得了粉丝的信任和认同。因此，当这些博主推荐某款数码产品时，粉丝更可能因这种信任关系而对广告内容产生好感，认为博主推荐的产品值得信赖和购买[6]。

因此，在第一阶段——产品意识的形成阶段，广告感染率（用于衡量广告在受众中产生传播效果的指标）主要受广告内容的吸引力、发布者的社会影响力以及广告传播渠道的选择等因素的影响。广告内容是否具有创新性、有趣性和实用性，发布者是否具有一定的粉丝基础和社会认可度，以及广告是否在适当的渠道上进行传播,都将直接影响到用户对产品信息的接收和认知。

对于品牌而言,植入式广告所带来的直接信息效用在新产品推出和产品意识扩散阶段尤为关键。在品牌营销的早期阶段,商家通过社交平台广泛传播新产品信息,使得原本不了解该产品的用户通过与网络中其他用户的接触而得知其存在,进而形成产品意识。这一过程不仅促进了广告的传播,还为品牌的长远发展奠定了坚实基础。

5.2.2 阶段二:间接传播——种草效应

经过品牌第一阶段的推广,大部分用户已经对产品形成了初步的认知。当进入第二阶段推广时,虽然信息效用开始显现边际效应,无法继续维持较高的吸引力,但植入式广告的传播范围却能够进一步扩大。这一现象的背后,是植入式广告营销中的间接传播机制在起作用,特别是种草效应与从众效应[7]。这些间接传播机制正是植入式广告与传统广告相比所展现出的独特优势。

在第一阶段中,用户虽然看到了植入式广告,但并非所有用户都会立即被其吸引并参与传播。然而,这些用户往往会在心中留下产品的印象,对产品的价值产生一定程度的认同。换句话说,尽管部分用户在这一阶段仍处于观望状态,但他们已经具备了潜在的产品意识,只需一个合适的触发点,便可能转化为积极的传播者。

这个触发点往往来源于用户的主动搜索行为。研究表明,用户在接触广告后,往往会进行与品牌或产品相关的搜索,通过搜索进一步了解商家,甚至与商家发布的内容进行互动。这些搜索和互动行为被推荐算法捕捉后,算法会基于用户的行为特征,持续向他们推送与产品或品牌相关的内容。这些内容的多次触达不仅会增强用户对产品的认知,更可能促使原本犹豫的用户最终做出购买决策。

此外，推荐系统在植入式广告的传播过程中也起到了关键作用。通过个性化推荐，系统能够向用户展示他们之前浏览过的产品或相关内容，从而增加产品的曝光度和销售机会。研究还表明，对之前接触过广告的用户进行多次触达，能够显著提高他们的购买意愿和购买量。这一现象从认知心理学的角度得到了解释：多次触达不仅提醒了用户关于产品的信息，还通过"输出干扰"效应，使得用户更容易回忆起与产品相关的正面信息，而忽略其他竞品信息，进而提高了购买转化率[8]。

因此，在种草效应的影响下，广告感染率主要受到用户口碑、产品评价，以及用户与发布者或其他用户之间的社会互动关系等因素的影响。正面的用户口碑和产品评价能够增强用户对产品的信任感，而用户与发布者之间的积极互动则能够增加用户对广告的关注度。

综上所述，植入式广告在第一阶段触达用户后，通过种草效应在用户心中埋下了购买的种子。随后，用户的主动搜索和推荐系统的个性化推送共同作用，使这些种子得以生根发芽，最终促使用户完成购买行为。这种间接效应不仅扩大了广告的传播范围，还提高了广告的转化效果，是植入式广告区别于传统广告的重要特征。

5.2.3 阶段二：间接传播——从众效应

在植入式广告的传播后期，社会网络中的从众效应和学习效用成为推动广告进一步扩散的重要动力。从众效应，指的是个体在面临决策时，受到周围群体行为或意见的影响，从而倾向于模仿或跟随多数人的选择。这种心理现象在社交网络环境中尤为明显，因为用户的行为和决策往往受到朋友、亲人或网络社区中其他成员的影响。当个体面临不确定性较高的决策时，从众效应的作用尤为突出，因为人们往往相信多数人的选择是安全且可靠的。

在植入式广告的传播过程中，从众效应主要作用于那些最初未被广告所吸引的用户。首先，随着广告的传播，越来越多的用户开始互动，这些互动行为包括浏览、点赞、评论等。这些行为不仅增加了广告内容的曝光量，还提高了其热度。推荐系统会根据内容的热度为其分配更多的曝光量，使得更多用户能够看到这些广告内容。当这些第一阶段不感兴趣的用户看到大量其他用户与广告内容进行互动时，他们可能会认为这些广告内容是有价值的，从而产生兴趣并参与其中[9]。这种模仿行为不仅增加了广告的传播范围，还提高了其影响力。

此外，从众效应还通过影响用户的购买决策来发挥作用。当大量用户都表现出对某个产品的购买意愿时，其他用户可能会认为这个产品是值得购买的，从而跟随多数人的选择进行购买。这种模仿行为进一步推动了产品销售量的提升。

因此，在从众效应起主要作用的阶段，广告感染率则更多地受到用户群体行为、推荐系统算法以及社会心理因素的影响。当大量用户表现出对某个产品的购买意愿或行为时，其他用户可能会受到这种群体行为的影响，从而跟随选择。同时，推荐系统的算法也会根据用户的行为和偏好，推送相关的广告内容，进一步影响广告感染率。此外，从众心理也会促使一些用户模仿他人的行为，从而增加广告的感染率。综上所述，从众效应在植入式广告的传播后期发挥了重要作用。通过影响用户的决策和行为，它使得广告内容得以更广泛地传播，并带动更多用户被感染。这种间接传播效应不仅提高了广告的效果，还增强了其长期影响力。

根据对植入式广告现实传播流程及传播特点的描述，整合已有研究，本章将社交网络上的植入式广告扩散过程划分为两个阶段。第一阶段,即产品意识的形成阶段,主要聚焦于产品信息的初步扩散。商家通过社交平台广泛传播新产品信息,用户通过与网络中其他人的接触,从而得知该产品。此时,植入式广告直接为用户提供价值,我们将其广告效果定义为直接效果。然而,在第一阶段中,大部分用户可能在初次接触广告后并未表现出浓厚的兴趣或仍处于犹豫状态。因此,我们研究第二阶段——购买决策阶段。在这一阶段,广告主需通过精准的策略对用户进行再度触达,以激发其潜在购买意愿。这些策略的作用机制主要包括种草效应和从众效应。具体而言,种草效应主要影响那些受到广告初步吸引的用户,他们会主动进行搜索,进一步了解产品详情,形成更深入的购买意向。而从众效应则通过推荐系统发挥作用,使得更多用户受到他人行为的影响,进而产生购买意愿。这两种效应相辅相成,共同推动广告传播效果的扩大。在整个传播过程中,植入式广告通过系统分发或用户的自发、转发行为实现用户触达。然而,每个用户是否会被广告内容所吸引,不仅取决于广告本身提供的信息效用,还受到广告发布者与用户之间的社会互动关系质量的影响。

因此,我们认识到,社交媒体上的植入式广告传播作用机制并非简单的触达和转化用户的过程,而是一个多阶段性的复杂现象。为了更好地描述这一过程,我们不能仅依赖于简单的模型进行拟合,而需要考虑不同时间的动态模型,以更准确地捕捉其传播特点和规律。这将有助于我们更深入地理解植入式广告的传播机制,为广告主提供更有效的推广策略。

5.3 基于两阶段传染病模型的植入式广告传播

在上一节中,抽象描述了植入式广告传播的作用机制。具体地,植入式广告包括两阶段,不同阶段的主要作用因素也各不相同。为了能更精确地描述植入式广告视频的信息传播过程,分析其传播机理并建立合适的传染病模型是十分必要的。在本章中,我们提出了一个新的传染病模型,即两阶段 SEIR 传染病模型,并且对两阶段 SEIR 传染病模型的参数进行讨论,以探究广告信息传播的宏观规律。

5.3.1 经典 SEIR 模型的局限性

当植入式广告视频只包含一轮营销时,则为最基本的 SEIR 传播模型,如图所示即为植入式广告单阶段传播模型。用户在社区进行广告传播的规则为:① S(未知者)遇到 I(传播者)后,以 β 的比率转化为 E(潜在传播者);② E(潜在传播者)经过考虑后自发以 σ 的比率转化为 I(传播者);③ 考虑到当前舆情传播速度快、周期短的特点,I(传播者)以 γ 的比率自发衰退转化为 R(免疫者)。

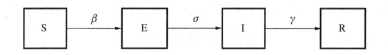

图 5-3 经典 SEIR 模型状态转换图

在现实世界的传播中,在意见领袖发布相关的植入式广告视频后,用户观看视频并做出点赞、收藏、评论等反应行为,此时用户对该广告感兴趣,从不知情的 S 态进入犹豫是否进行分享的 E 态。但传播的关键行为在于转发,根据用户分享的时间、动机等,我们对感染态 I,即分享用户进行细分。

通过对实际案例的观察和分析,我们可以发现,在改进 SEIR 模型以适应植入式广告在社交网络上的传播机制时,确实需要考虑到两个关键特点。

这两个特点不仅反映了广告传播过程中的用户行为变化，也为我们提供了优化模型的基础。

针对第一个特点——有两个阶段的感染者，我们可以将传统的感染者（I）状态细分为两个阶段：第一阶段感染者（I_a）和第二阶段感染者（I_b）。在第一阶段，用户观看广告后，一部分用户可能会被广告内容强烈吸引，直接进行分享和传播，这部分用户进入 I_a 状态。而另一部分用户可能暂时保持观望态度，没有立即进行分享，这部分用户则停留在 E 状态。为了激活这些潜在的用户，品牌可以投放再一批意见领袖或开展第二阶段广告营销。在这一阶段，原本处于 E 状态的用户可能在新营销话题的激活下，转化为第二阶段的新激活用户群体（I_{b1}）。

针对第二个特点——第一阶段感染者可能暂时对广告失去兴趣，但也可能再次被激活，我们需要特别关注 I_a 状态的用户。这部分用户在初始阶段对广告产生了浓厚的兴趣并进行了分享，但随着时间的推移，他们的兴趣可能会逐渐衰退。然而，如果品牌能够持续推出新的营销话题或活动，这些原本兴趣衰退的用户可能会再次被激活，重新进入分享状态。我们将这部分用户定义为第二阶段再激活的忠实用户群体（I_{b2}）。

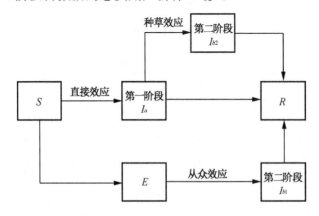

图 5-4　两阶段 SEIR 模型状态转换图

通过这种细分和定义,我们可以更准确地描述植入式广告在社交网络上的传播过程。同时,这也为我们提供了优化 SEIR 模型的基础。在模型中,我们可以将 I_a、I_{b1} 和 I_{b2} 分别作为不同的状态变量,通过设定合适的转移概率和参数,来模拟不同阶段用户的行为及其变化。这样,我们就能够更全面地考虑广告传播过程中的动态性和复杂性,从而得到更准确地预测结果和更有效的营销策略。

5.3.2 植入式广告两阶段传染病模型构建

(1) 模型假设

1) 传染病模型基本假设

本章基于仓室模型构建传染病模型,从宏观角度对整个人群状态变化进行深入研究。该模型遵循几项核心假设:首先,节点特性一致,节点间混合均匀且接触瞬时,不受历史影响;其次,各仓室人口规模庞大,确保模型有效性;再者,广告传播伊始,仅有少数 I 类用户,其余者均为 S 类;最后,感染与恢复速率在传播过程中维持恒定。这些假设共同构成了模型的基础,有助于精准刻画广告传播的动态过程。

2) 模型的角色分配

两阶段 SEIR 传播模型中,模型的角色分配具体包括:

S 表示对新产品并不知情的用户;

E 表示观看视频广告后仍处于犹豫态的用户;

I 表示对广告信息进行分享等传播的用户,传播者 I 根据进入传播状态的时间点、过去感染情况被进一步细分为第一阶段传播者 I_a、第二阶段新激活传播者 I_{b1}、第二阶段再激活传播者 I_{b2},其中 $I = I_a + I_b = I_a + I_{b1} + I_{b2}$;

R 是指对广告信息不感兴趣的用户,随着时间流逝,用户对该产品广告的注意力会自然衰退;

$S(t)$、$E(t)$、$I(t)$、$R(t)$ 表示四类群体在 t 时刻所占比例,N 表示社交网络平台中总人数,则 $S(t)+E(t)+I(t)+R(t)=N$。

表 5-1 两阶段 SEIR 模型组成部分

参数	含义
N	某产品植入式广告的所有目标用户
S	对新产品并不知情的用户
E	对该广告营销感兴趣(点赞、收藏等)但尚未分享的用户
I	对广告信息进行分享等传播的用户
I_a	观看了第一阶段广告营销后立刻分享的用户
I_b	观看了第二阶段广告营销后分享的用户
I_{b1}	观看了第二阶段广告营销后首次进行分享的用户
I_{b2}	观看了第二阶段广告营销后再次进行分享的用户
R	对该产品不再感兴趣的用户

3) 参数定义与参数关系

在两阶段 SEIR 广告传播模型中,需要定义角色之间的转化率参数,主要包括衡量从 S(未知者)到 E(潜在传播者)的广告营销曝光率 β、从 E(潜在传播者)到 I(传播者)的营销对用户的激活率 σ、从 I(传播者)到 R(免疫者)的用户兴趣衰退率 γ。由于两阶段 SEIR 模型包括多个 I 仓室,分别定义 I_a、I_{b1} 和 I_{b2} 的激活率分别为 σ_1、σ_2、σ_3,衰退率分别为 γ_1、γ_2、γ_3。

实际传播中,激活率主要取决于广告营销质量,质量越高的广告越能促进用户分享,因此同一阶段的广告激活率应一致,即 $\sigma_2=\sigma_3$;为了方便衡量第一阶段与第二阶段的广告效果,定义第一阶段激活比例 ρ(以下简称激活比例),即 $\sigma_1=\rho\sigma$,$\sigma_2=\sigma_3=(1-\rho)\sigma$。假设用户注意力衰退情况在短期内保持不变,则用户对话题失去兴趣的速率取决于用户客观的生命周期,$1/\gamma$ 即用户生命周期。定义 I_a、I_{b1} 和 I_{b2} 群体的用户生命周期分别为 $1/\gamma_1$、$1/\gamma_2$、$1/\gamma_3$。这些参数的具体定义如表 5-2 所示。

表 5-2 两阶段 SEIR 模型参数表

参数	定义	含义
β	曝光率	S 因广告曝光从而接触广告变为 E 的概率
σ	激活率	E 通过互动等方式转化为 I 的概率
ρ	激活比例	第一阶段激活人数比例,$1-\rho$ 为第二阶段激活人数比例
γ_1	I_a 恢复率	仅受第一阶段激活的用户感染后不再感兴趣的概率
γ_2	I_{b1} 恢复率	第二阶段新激活的用户感染后不再感兴趣的概率
γ_3	I_{b2} 恢复率	第二阶段再激活的用户受感染后不再感兴趣的概率

(2) 两阶段 SEIR 模型

1) 传播模型演化规则

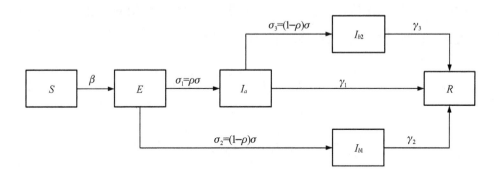

图 5-5 两阶段 SEIR 模型演化规则图

在以仓室模型为基础的传染病模型学术研究中,复杂网络有时会被抽象为规则网络以便进行理论分析,本节将规模为 N 的封闭群体看作一个节点规则的无向网络 $G=(V, E)$。其中,V 表示网络的节点,代表现实系统中不同的个体,比如社交网络平台的用户;E 表示网络的边,即个体与个体(用户与用户)之间的关系。用户在社区进行双阶段广告传播的规则具体包括：

① S（未知者）遇到 I（传播者）后,以 β 的比率转化为 E（潜在传播者）；

② 在第一阶段,E（潜在传播者）经过考虑后自发以 σ 的比率转化为 I（传播者）,其中第一阶段就被吸引的概率为 ρ；

③ 在第二阶段,E（潜在传播者）和 I_a（第一阶段传播者）分别以 $(1-\rho)\sigma$ 的比率转化为 I_{b1}（第二阶段新激活传播者）和 I_{b2}（第二阶段再激活传播者）；

④ I_a、I_{b1} 和 I_{b2} 分别以 γ_1、γ_2、γ_3 的比率自发衰退转化为 R（免疫者）。

2) 传播动力学方程

在规则网络中,节点具有相同的度,其值为网络的平均水平,即网络平均度。已知给定网络的节点数 N 和边数 M,则其平均度 $k=2M/N$。假设上述广告传播遵循此规则,则每个节点具有相同的度 k。

用 $S(t)$、$E(t)$、$I_a(t)$、$I_{b1}(t)$ 和 $I_{b2}(t)$ 分别表示未知者、潜在传播者、一阶段传播者、二阶段新传播者、二阶段再传播者在 t 时刻的密度,可以得到考虑两阶段性的广告传播模型的平均场方程组：

$$\frac{dS}{dt} = -k\beta S_{(t)}(I_{a(t)} + I_{b1(t)} + I_{b2(t)}) \tag{5-1}$$

$$\frac{dE}{dt} = k\beta S_{(t)}(I_{a(t)} + I_{b1(t)} + I_{b2(t)}) - k\sigma E_{(t)} \tag{5-2}$$

$$\frac{dI_a}{dt} = k\rho\sigma E_{(t)} - k(1-\rho)\sigma I_{a(t)} - k\gamma_1 I_{a(t)} \tag{5-3}$$

$$\frac{dI_{b1}}{dt} = k(1-\rho)\sigma E_{(t)} - k\gamma_2 I_{b1(t)} \tag{5-4}$$

$$\frac{dI_{b2}}{dt} = k(1-\rho)\sigma I_{a(t)} - k\gamma_3 I_{b2(t)} \tag{5-5}$$

$$\frac{dR}{dt} = k\gamma_1 I_{a(t)} + k\gamma_2 I_{b1(t)} + k\gamma_3 I_{b2(t)} \tag{5-6}$$

(3) 基本再生数求解

在传染病动力学模型中基本再生数 R_0 是一个非常重要的参数,其代表在无干预情景下引入一个传染者,其在传染周期内可以传染的人数。R_0 的大小可以衡量舆情是否可以在网络平台上传播开,当 $R_0 < 1$ 时网络舆情不会进行大规模传播;当 $R_0 > 1$ 时网络舆情呈现大规模扩散趋势。因此,本章基于传染病动力学理论利用下一代矩阵法求取基本再生数。

令 $X = (V, I_a, I_{b1}, I_{b2}, S, R)^{\mathrm{T}}$,显然地,模型始终具有唯一的无病平衡点 $X_0 = (0, 0, 0, 0, 1, 0)$。则式(5-1)~(5-6)可表示为:$dx = F(x) - V(x)$。其中 $F(x)$ 表示新增的网络舆情传播者,$V(x)$ 表示其他群体的密度变化。若将犹豫者转化为传播者而不看作新的感染,则

$$F(x) = \begin{bmatrix} \beta S_{(t)} (I_{a(t)} + I_{b1(t)} + I_{b2(t)}) \\ 0 \\ 0 \\ 0 \\ 0 \\ 0 \end{bmatrix} \tag{5-7}$$

$$V(x) = \begin{bmatrix} \sigma E_{(t)} \\ -\rho\sigma E_{(t)} + (1-\rho)\sigma I_{a(t)} + \gamma_1 I_{a(t)} \\ -(1-\rho)\sigma E_{(t)} + \gamma_2 I_{b1(t)} \\ -(1-\rho)\sigma I_{a(t)} + \gamma_3 I_{b2(t)} \\ \beta S_{(t)} (I_{a(t)} + I_{b1(t)} + I_{b2(t)}) \\ -\gamma_1 I_{a(t)} - \gamma_2 I_{b1(t)} - \gamma_3 I_{b2(t)} \end{bmatrix} \tag{5-8}$$

此外，我们对 $F(x)$ 和 $V(x)$ 分别求其关于 x 的导数，并定义 $DF(x)$ 和 $DV(x)$ 为 $F(x)$ 和 $V(x)$ 的雅可比矩阵。那么，我们可以得到(5-9)和(5-10)两个雅可比矩阵。

$$DF(x_0) = \begin{bmatrix} F & 0 \\ 0 & 0 \end{bmatrix} \tag{5-9}$$

$$DV(x_0) = \begin{bmatrix} V & 0 \\ J3 & J4 \end{bmatrix} \tag{5-10}$$

其中 F 和 V 为 6 阶方阵，通过对 x 求导可得。多阶段 SEIR 传染病模型的下一代矩阵 $G = FV^{-1}$。通过计算下一代矩阵 G 的谱半径，我们可以得到模型基本再生数 $R_0 = \rho(G)$，即基本再生数

$$R_0 = \rho\left(\frac{\rho}{\gamma_1} + \frac{1-\rho}{\gamma_2}\right) \tag{5-11}$$

其中 R_0 表达式(5-11)的生物意义如下：$R_{Ia} = \dfrac{\rho}{\gamma_1}$ 表示第一阶段激活用户生命周期内传播的平均用户数，$R_{Ib1} = \dfrac{1-\rho}{\gamma_2}$ 表示第二阶段新激活用户生命周期内传播的平均用户数。$I_a(t)$ 和 $I_{b1}(t)$ 分别代表了第一阶段、第二阶段营销发布后用户立刻分享的群体，其人数加和即为广告传播的规模。

特别地，从概率论的角度来看，一个用户是否容易被该品牌广告吸引（被营销吸引就立刻分享）可以看作一对对立事件，并服从二项分布。即潜伏期结束后，第一阶段被该品牌强烈吸引的概率为 ρ，需加大力度进行第二阶段吸引的概率为 $1-\rho$，所以 $\rho \cdot R_{Ia} + (1-\rho)R_{Ib1}$ 可以看作对于分享用户按不同时间阶段的分布求其生命周期内平均传播用户数的期望。结合实际情况，其反映了广告传播规模的平均期望值，$R_0 > 1$ 对应第一次观看广告营销后

进行分享的用户数大于 1，只有这种情况下，才能形成分享的连锁效应，最终通过大规模分享不断提升传播规模。

5.3.3 模型仿真

（1）仿真参数设置

为了验证所建模型的准确性和对感染率等参数改进的有效性，本章借助 R 语言，利用模拟数据构建了相应的模型。鉴于传染病模型的基本假设是人群完全混合，我们构造了一个包含 $N=10\,000$ 个节点的随机网络。在这个网络中，我们随机选取了 10 个节点作为初始感染者，其余节点均设为未知状态。

为了深入探讨不同因素对传播过程的影响，我们改变了包括感染率在内的多个影响因素的值，并观察这些变化如何影响广告的传播速度和范围。通过这种方式，我们不仅能够验证模型的正确性，还能够更全面地理解广告传播的动力学特性，为品牌制定更有效的广告策略提供科学依据。

表 5-3　两阶段 SEIR 模型参数取值表

参数	定义	含义	取值范围	初始值
β	曝光率	S 因广告曝光从而接触广告变为 E 的概率	0—1	0.9
σ	激活率	E 通过互动等方式转化为 I 的概率	0—1	0.9
ρ	激活比例	第一阶段激活人数比例，$1-\rho$ 为第二阶段激活人数比例	0—1	0.4
γ_1	I_a 恢复率	仅受第一阶段激活的用户感染后不再感兴趣的概率	0—1	1/6
γ_2	I_{b1} 恢复率	第二阶段新激活的用户感染后不再感兴趣的概率	$0-1/\gamma_1$	1/8
γ_3	I_{b2} 恢复率	第二阶段再激活的用户受感染后不再感兴趣的概率	γ_1	1/6

根据对广告信息的认知状态的不同,将其分为四类:S(未知者)、E(潜在传播者)、I(传播者)和R(免疫者),并且根据传播所处阶段不同,将I进一步划分为I_a(第一阶段传播者)、I_{b1}(第二阶段新激活传播者)、I_{b2}(第二阶段再激活传播者)。假设在t时刻,每种状态的用户占总人数的比例分别为$S(t)$、$E(t)$、$I_a(t)$、$I_{b1}(t)$、$I_{b2}(t)$、$R(t)$,则有$S(t)+E(t)+I_a(t)+I_{b1}(t)+I_{b2}(t)+R(t)=1$。

(2) 整体趋势分析

图 5-6 为两阶段 SEIR 传染病模型的仿真图,由图可知两阶段 SEIR 模型能够较为准确地模拟现实世界中植入式广告的传播过程。根据图(a)所展

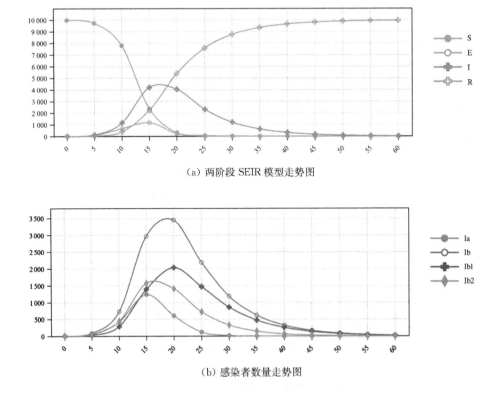

(a) 两阶段 SEIR 模型走势图

(b) 感染者数量走势图

图 5-6 两阶段 SEIR 传染病模型仿真图

示的信息,两阶段 SEIR 模型的整体趋势与经典的 SEIR 模型相吻合,均遵循传染病模型的典型走势规律。这表明两阶段模型在宏观上有效地捕捉到了广告传播的基本特征。

进一步观察图 5-6(b),它详细描绘了感染者数量的变化过程,清晰地展现了两阶段的特征。在第一阶段,I_a 群体,那些被广告信息价值所吸引的用户,数量迅速增长,这反映了产品意识在目标人群中的快速扩散。进入第二阶段,基于种草效应被重新激活的 I_{b2} 用户数量显著上升,这些用户的积极参与不仅提升了话题的热度,还进一步促进了基于从众效应的 I_{b1} 用户群体的增加。随着时间的推移,由于用户兴趣的衰退,感染者数量逐渐减少并最终趋近于零。根据图 5-6(a) 可以观察到,两阶段 SEIR 模型的总体走势与 SEIR 模型一致,符合传染病模型的走势规律。图 5-6(b) 具体展示了感染者数量变化情况,符合实际传播中的两阶段特征,说明两阶段 SEIR 模型在经典 SEIR 模型的基础上,能够较好地对现实情况进行拟合。

(3) 参数分析

为了更好地理解植入式广告的传播机制,我们计划通过调整广告传播模型中的参数来观察不同人群随时间的变化趋势。这种分析方法能够揭示广告影响人数与各种参数之间的内在联系,为制定高效的广告投放策略提供有力支持。

在实验中,我们重点关注不同状态用户流动速度的参数,并将其他参数设定为默认值。随后,在时间范围 $t \in [0, 100]$ 内,我们密切监测并记录各部分人群的人数变化。通过绘制详细的图像。分析这些图像时,我们将注意以下几个关键方面:首先是不同人群数量的增长或减少趋势,这有助于我们识别广告传播的关键阶段;其次是不同参数变化对人群流动速度的影响,这能够揭示广告传播机制中的敏感因素;最后是广告传播过程中可能出现的波动和转折点,这可以为我们提供优化广告投放策略的线索。

1) 曝光率：在互联网广告营销中，潜在用户接触到广告并进行点击观看的过程，也被称为广告信息吸引了用户的注意力。消费者注意力可以说是广告有效传播的第一步。我们定义广告传播中易感人群 S 由于广告曝光而转变为暴露人群 E 的概率为 β，即曝光率。下图展示了曝光率变化时对第一阶段和第二阶段人数的影响。

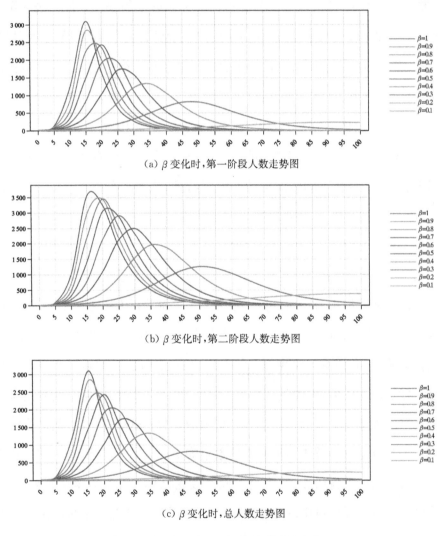

图 5-7 不同阶段人群受曝光率影响变化图

根据图示分析，随着曝光率 β 的提升，植入式广告在第一阶段和第二阶段的影响人数峰值均呈现出显著的增长趋势，并且达到峰值的时间也在不断缩短。然而，值得注意的是，当曝光率进一步提升时，人数增加的幅度逐渐趋于平缓，即增长效果逐渐减弱。

这一趋势深刻揭示了曝光率在广告传播中的重要作用及其局限性。首先，曝光率作为广告传播的核心要素，其提升确实能够显著扩大广告的受众范围，增加潜在用户接触到广告的机会。在广告传播的初期阶段，提高曝光率对于迅速吸引用户注意力、激发用户兴趣具有至关重要的作用。然而，随着曝光率的持续提高，广告传播的效果并非呈现出线性增长。这是因为，当曝光率达到一定水平后，用户对广告的敏感度会逐渐降低，甚至可能出现审美疲劳或信息过载的现象。此时，即使进一步增加曝光率，也难以再获得显著的用户数量的增长。此外，社交网络作为广告传播的特殊平台，其信息传播能力和效果不仅取决于曝光率，更受到广告内容质量、目标用户群体特性、社交网络结构等多种因素的影响。因此，在提升曝光率的同时，还需要注重广告创意的独特性、目标定位的准确性以及社交网络的互动性等方面，以实现广告传播效果的最大化。

综上所述，曝光率对于植入式广告传播具有重要影响，但并非唯一决定因素。在制定广告投放策略时，需要综合考虑多种因素，以实现广告传播效果的最优化。同时，也需要注意到随着曝光率的提升，广告传播效果的边际效益递减现象，避免盲目追求高曝光率而忽视其他关键要素。

2）激活率：在引起注意后，普通大众对广告传播信息的接触并不足以促使他产生分享或购买行为。当消费者的兴趣被激发后，才会产生了解广告产品信息的欲望。在互联网广告传播中，我们定义广告传播中暴露人群 E 通过进行搜索、互动（点赞、评论）、分享等行为进而转化为活跃人群 I 的概率

为 σ，即激活率。激活率反映了互联网广告视频传播中互动阶段的用户转化率。在本章中，设定第一阶段实际激活率值为 $\rho\sigma$，第二阶段实际激活率为 $(1-\rho)\sigma$，σ 整体反映了从 E 到 I 的转移率。

激活率 σ 的变化对植入式广告传播的第一阶段和第二阶段人数具有显著影响。根据图 5-8 所示，我们可以观察到以下趋势：随着激活率 σ 的增

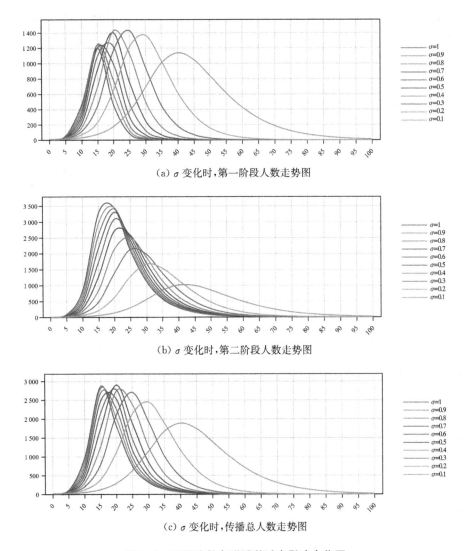

(a) σ 变化时，第一阶段人数走势图

(b) σ 变化时，第二阶段人数走势图

(c) σ 变化时，传播总人数走势图

图 5-8　不同阶段人群受激活率影响变化图

大，第一阶段的人数呈现出边际递减的下降趋势。这意味着，随着用户从暴露状态 E 向感染状态 I 的转化速度加快，第一阶段的人数达到顶峰的时间逐渐缩短。然而，由于第一阶段和第二阶段之间存在激活人数的竞争关系，随着 σ 的增大，更多原本处于第一阶段的用户被再激活进入第二阶段，导致第一阶段的人数反而呈现下降趋势。与此同时，第二阶段的人数则以边际递减的趋势增加。这是因为随着激活率的提升，不仅第一阶段中原本处于休眠状态的用户更容易被激活进入第二阶段，而且第二阶段内部的用户也更容易在互动中保持活跃状态，从而延长了第二阶段人数的增长期。同样地，由于转化速度加快，第二阶段人数达到顶峰的时间也相应缩短。

从结果来看，可以推测第二阶段与第一阶段之间存在竞争性。为了更深入地了解植入式广告传播过程中第二阶段人群的变化规律，我们细化观察角度。根据广告的作用机制，从 I_a 状态转移到 I_{b2} 状态的人群，他们因受到种草效应的影响而被再次激活，展现出对品牌的持续兴趣和忠诚度，对应现实中的忠诚客户群体。另一方面，从 E 状态转移到 I_{b1} 状态的人群，他们是在从众效应的作用下被新激活的，对广告内容产生了直接的兴趣，对应新客群体。

由图 5-9 可知，随着激活率 σ 的增加，忠诚客户群体和新客群体的人数均呈现出上升趋势。这一现象表明，激活率的提升不仅能够有效激活那些已经对品牌有一定了解的潜在消费者（忠诚客户群体），还能够吸引那些之前对广告内容无感的用户（新客群体），使他们转变为积极的参与者。这说明，随着激活率的提高，用户更倾向于直接跳过第一阶段，进入更为活跃的第二阶段，从而导致第一阶段人数的减少。这样的变化导致了总人数规模随着激活率 σ 的增加，出现先上升后下降的情况。

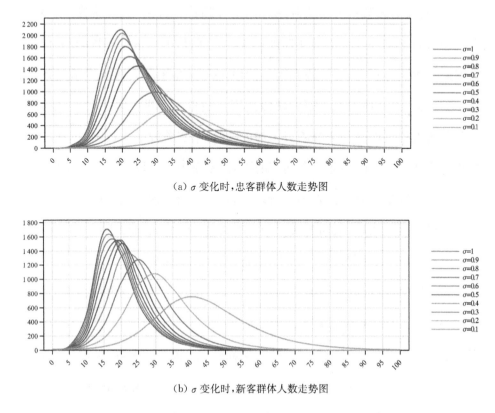

(a) σ 变化时,忠客群体人数走势图

(b) σ 变化时,新客群体人数走势图

图 5-9 第二阶段再激活人群受激活率影响变化图

综上所述,激活率在广告传播过程中具有双重作用。一方面,提高激活率有助于加快用户从暴露到感染的转化过程,缩短广告传播周期;另一方面,过高的激活率也可能导致第一阶段人数过早下降,影响广告传播的深度和广度。因此,在制定广告投放策略时,需要综合考虑激活率对两个阶段人数的不同影响,找到最佳的平衡点。

3) 激活比例:前面的讨论中可以发现两个阶段的广告传播之间存在竞争性,为了讨论这种竞争性,本章设定激活比例因子。假设第一阶段实际激活率值为 $\rho\sigma$,第二阶段实际激活率为 $(1-\rho)\sigma$,则 ρ 反映了第一阶段的广告激活水平。

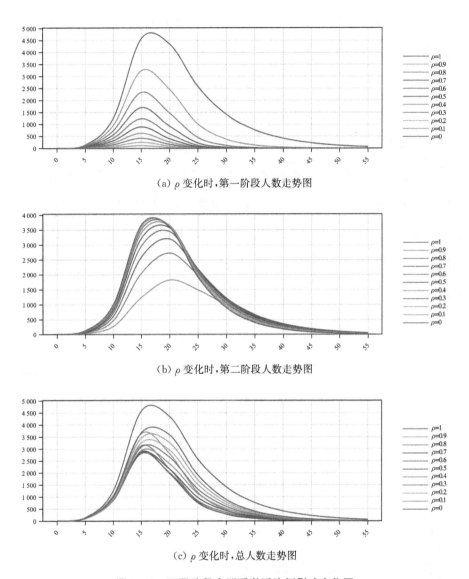

(a) ρ 变化时,第一阶段人数走势图

(b) ρ 变化时,第二阶段人数走势图

(c) ρ 变化时,总人数走势图

图 5-10 不同阶段人群受激活比例影响变化图

激活比例 ρ 可以用来评估广告投放的效果,并帮助改进未来的决策和行动。图 5-10 展示了激活比例变化对不同阶段人数及总人数的影响。如图所示,随着 ρ 的增加,第一阶段的影响人数逐渐增多,且影响范围边际递增;而第二阶段的影响人数逐渐减少,且影响范围边际递增;总人数规模呈现先下

降后增加的趋势,且上升幅度逐渐增大。这一变化说明,当广告投入更加聚焦于某一阶段时,较大或者较小时,该阶段的效果会更为显著。

从图 5-11 可知,激活比例的变化对新客群体的影响呈现正相关,但随着 ρ 增大,忠客群体人数先增加后减少。从转移状态来看,这是因为当 ρ 增大时,第一阶段的人数增加,故有更多用户在第一阶段就被吸引,为二次激发提供了更大的用户基数。但随着 ρ 持续增大,忠实用户群体的下降,说明用户在第一次激发后需求就已得到满足,很难进入再激发状态,故人数反而下降。这说明,激活比例 ρ 反映了该广告在用户群体间传播的一定特征,较大的激活比例对应的广告群体更容易在第一阶段被吸引,而较小的激活比例对应的广告群体更容易在第二阶段被吸引,ρ 代表的是该产品对用户吸引力的客观值。

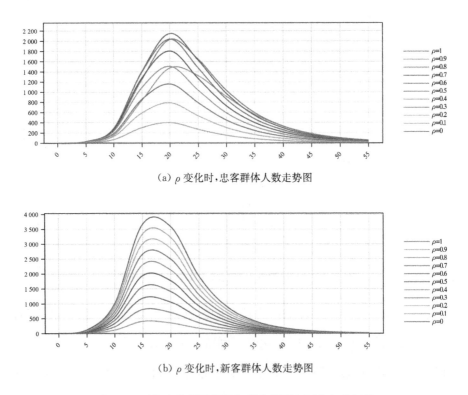

(a) ρ 变化时,忠客群体人数走势图

(b) ρ 变化时,新客群体人数走势图

图 5-11 第二阶段再激活人群受激活比例影响变化图

基于以上分析，企业在广告投放前可以根据自身情况，确定 ρ 值。若企业对应的激活比例较高，说明用户在第一次接触广告时较易被激发，这可能是因为该产品为创新产品。此时应将营销重点放在第一阶段，促进产品信息的扩散。这种策略有助于快速吸引潜在客户的注意力，提高品牌知名度。当激活比例较小时，说明用户在第一次接触广告时较难被激发，这可能是因为该产品为成熟产品。此时品牌则应注重第二阶段的再激发，特别是针对那些第一阶段未被成功激发的群体。在这种情况下，企业可以通过精准定位目标受众，制作高质量、与第一阶段不同的广告内容，以提高广告的有效触达率和转化率。

此外，还需要注意一个特殊情况，即当 $\rho=1$ 时，品牌广告的激活比例完全倾向于第一阶段。在这种情况下，由于广告投放只呈现单一阶段，未能充分激发出用户潜力，反而可能导致用户数量下降。因此，企业在制定营销策略时应避免过于单一地关注某一阶段，而应综合考虑不同阶段之间的相互影响和协同作用，以实现广告传播效果的最优化。

综上所述，品牌在营销中可以通过调整激活比例来平衡广告营销的重点。对于创新产品，应注重提升广告营销的广度。而对于成熟产品，应注重对于第一阶段待激活用户的再次激发，比如更改广告内容，从不同切入点激发用户。通过这样的策略调整，品牌能够根据自身发展阶段和目标受众的特点，实现更为有效的广告传播效果。

经过上述详尽的探讨，现将两阶段 SEIR 传染病模型的仿真结果系统地整理于表 5-4 中。通过深入分析参数变化，我们得以洞察不同影响因素对传播效果的深刻作用，并据此提炼出切实可行的广告策略。在社交网络平台广告领域，对于广告商而言，明确广告目标后实施精准传播策略显得尤为关键。通过系统地收集与分析用户的个人信息和兴趣偏好，商家能够实现广告内容的个性化投放，精准满足消费者的信息需求，进而显著提升广告的传播效果和转化率。这一策略不仅有助于优化广告资源配置，提高广告效率，更能为广告商带来更为可观的经济效益和市场回报。

表 5-4 两阶段 SEIR 传染病模型仿真结果表

指标	广告含义	变化趋势（当参数增加时）			特点与策略	广告策略
		I_a	I_b	总人数 I		
曝光率 β	观看用户/总用户	边际递减 增加	边际递减 增加	曝光度越高，可激活人群范围越高	控制广告投放，提高目标客户人数
激活率 σ	转发用户/观看用户	边际递减 减少	边际递减 增加	先上升后下降	激活率越高，传播快、热度高，间接效应传播更明显	平衡两阶段投放，均衡提升
激活比例 ρ	直接激活用户/总激活	边际递增 增加	边际递增 减少	先下降后上升，上升幅度边际递增	均边际递增，说明针对性投放提升效果更明显	明确高净值人群，针对性投放

尽管传染病模型在描述广告传播过程方面具有一定的适用性，但它也存在一些局限性。该模型更侧重于宏观群体的演变情况，对于微观层面的用户差异和竞争关系解释不足。因此，我们需要进一步结合用户行为和心理学的知识，对模型进行细化和完善，以更准确地反映广告传播的实际过程。为了更好地理解广告传播并制定有效的营销策略，我们需要从多个角度进行深入分析。这包括研究不同用户群体的特点和需求，分析广告传播过程中的关键节点和影响因素，以及探索如何结合技术创新和数据分析来提升广告传播效果。总之，广告传播是一个复杂而多变的过程，受到多种因素的影响和制约。我们需要综合运用多种方法和工具，不断深入研究和实践，以更好地应对市场挑战并实现广告传播的价值最大化。

为了深入剖析植入式广告的传播机制,并对其进行定性建模,本章首先针对经典 SEIR 模型在两阶段传播过程中的局限性进行了系统探讨。鉴于经典模型在描述植入式广告传播特征上的不足,特别是对感染者 I 的划分过于笼统,本章提出了对感染者 I 的细分改进,构建了两阶段 SEIR 传染病模型,通过引入激活率和激活比例等新变量,以反映植入式广告传播的实际过程。同时计算了基本再生数,为评估广告传播能力和预测传播趋势提供了重要依据。随后,本章对两阶段 SEIR 模型进行了仿真实验,深入探讨了曝光率、激活率和激活比例等关键因素对广告传播效果的影响。实验结果表明,提高曝光率能够有效扩大广告的传播规模,但这一过程并非简单的线性增长。激活率的提升能带来第二阶段人数的提升,但对总人数规模的影响呈现出非线性关系,这主要是由于广告传播过程中存在多个阶段的竞争。为此,我们定义了第一阶段和第二阶段广告投入的转化效果比值为激活比例,激活比例处于较低或较高水平时总人数规模较高,这启示我们,企业应明确自身推广目标,针对不同阶段进行不同的预算投放。

综上所述,本章通过对两阶段 SEIR 模型的改进和仿真实验,深入探讨了植入式广告的传播机制及其影响因素,为广告商制定有效的传播策略提供了重要的理论依据和实践指导。

5.4 本章小结

为深入探讨植入式广告的传播机制,本章以现实传播案例为基础,结合既有研究成果,系统梳理了其在社会网络中的传播脉络。首先,本章详细剖析了用户接触植入式广告的主要渠道,即系统触达与被感染用户转发两种模式,提升这两种途径的转化是扩大广告传播范围的关键所在。随后,结合哔哩哔哩平台上的传播案例,深入剖析了植入式广告传播过程中的两阶段特性,并揭示了不同人群在传播过程中所展现的独特特征。最后,基于上述特征,从传播学的视角出发,对植入式广告的传播路径进行了深入分析。在此过程中,广告传播过程被划分为两个主要阶段:一是广告扩散的直接传播阶段,二是引入植入式广告的间接传播阶段。在间接传播阶段中,基于搜索营销的种草效应和基于口碑传播的从众效应尤为显著。通过对这些效应的深入剖析,成功揭示了植入式广告的传播机制,为进一步研究其动态演化规律奠定了坚实的基础。因此,本章系统地研究了植入式广告在社会网络中的传播机制,为后续的研究提供了有力的理论支撑和实践指导。

参考文献

[1] 陈明红,黄嘉乐,方世深,等.弹幕视频播放量影响因素与组态效应[J].图书馆论坛,2022,42(6):150-161.

[2] WANG X, PICONE I. Mobilized, negotiated and balanced: Chinese school vloggers' platform engagements and layered identity construction on Bilibili [J]. Journal of Youth Studies, 2023, 26(10): 1356-1372.

[3] 普哲缘,李胜利.视频评论特征对观众评论行为的影响:以哔哩哔哩为例[J].图书情报工作,2022,66(20):130-140.

[4] SUN C, ZHOU D, YANG T. Sponsorship disclosure and consumer engagement: Evidence from Bilibili video platform [J]. Journal of digital economy, 2023, 2: 81-96.

[5] HERRANDO C, MARTíN - DE HOYOS M J. Influencer endorsement posts and their effects on advertising attitudes and purchase intentions [J]. International journal of consumer studies, 2022, 46(6): 2288-2299.

[6] HANAYSHA J R, SHARMA A, SHRIEDEH F B, et al. Investigating the impact of

social media advertising features on brand equity and brand experience in the retail industry[J]. Journal of content, community & communication, 2023, 17.

[7] 曾伏娥,张天祐,叶敏.信息流广告的种草效应与加热效应[J].商业经济与管理,2023,(6):34-46.

[8] 白寅,张荣,任星耀.再定向营销沟通研究述评与展望[J].管理学报,2022,19(6):938-946.

[9] 韩雨彤,周季蕾,任菲.动态视角下实时评论内容对直播电商商品销量的影响[J].管理科学,2022,35(1):17-28.

第 6 章

基于多主体模型的植入式广告传播分析

鉴于传染病模型恒定转移率的局限性,本章在经典传染病模型的基础上,考虑了网络结构和个体的异质性,加入用户接受意愿、从众性、权威度等特性,将恒定不变的激活率参数改为用户对广告信息的激活率函数,构建多主体间的广告信息演化规则,并针对多主体 SEIR 模型进行仿真演化实验。该模型从真实社会中的个体角度出发,结合社会学、心理学等多个交叉学科领域的研究成果,在模型中引入了个体属性的异质性,探讨广告信息传播的宏观规律及用户异质性、网络社区结构等对口碑广告传播的影响。

6.1 传染病模型的局限性

在构建的两阶段 SEIR 传播模型中,用户以恒定的概率进行状态转换,即从潜在的传播者 E 到传播者 I 的过程中,概率均为激活率 σ。尽管两阶段 SEIR 模型已经通过划分 I_a、I_{b1} 和 I_{b2} 等不同的个体,来尽量细化激活转移概率,但范围仍然较为粗糙。在现实生活中,每个用户因为个体属性的不同,对广告的接受度并不相同。因此,不同的用户之间的概率 σ 都不相同。

为了解决这个问题,本章在两阶段 SEIR 信息传播模型的基础上,结合广告信息传播过程,进一步细化原有激活率 σ 为激活率函数 $\sigma(i)$,以反映不同用户对植入式广告的不同态度。结合现有植入式广告营销影响因素及传播过程可知,影响因素主要包括信息价值和社交价值。信息价值衡量了该条广告本身的质量,社交价值衡量了用户决策中的外部性和从众行为。除了这两者外,用户的决策还受到自身内部因素的影响,即使一条广告内容精美、热度极高,用户也可能因为自身的喜好而不感兴趣,因此可以考虑加入接受意愿因子来表现用户的内在因素。

在细化影响因素后,我们可以利用多主体建模仿真技术,将传播机制具体到个体。此时,需要规定个体间的联系方式,即该群体的复杂网络结构。同时,可以利用社交网络的特征,来衡量植入式广告的信息价值与社交价值。

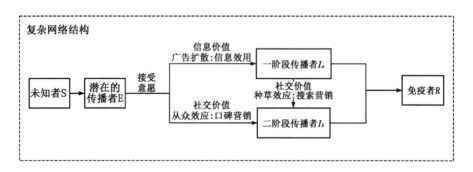

图 6-1 多主体模型转换图

6.2 多主体模型构建

6.2.1 模型假设

基于传染病模型的理论和广告传播过程中各行为主体的特征属性,我们迭代出关于广告传播的多主体模型。在这个模型中,我们采用了两阶段 SEIR 框架,其中角色分配、参数关系和转化规则与传染病模型相似。接下来将从微观角度详细介绍该模型与传染病模型的不同之处。

(1) 主体特征

本文围绕着用户 Agent 对广告传播过程进行多主体建模。我们着重设计了用户 Agent 的属性和结构,旨在同时展现用户 Agent 之间的异质性和广告信息传播功能(即广告认知状态的转化),以探究用户微观属性对广告信息传播的影响。

根据多主体建模原则,在广告信息传播过程中,用户 Agent 作为传播主体应具备以下特性:

1) 自治性:用户 Agent 能够利用自身控制系统来管理内部状态和外部行为。

2) 社会性:用户 Agent 能够在网络系统中与其他 Agent 进行交互,以实现广告信息的传播。

3) 响应性:用户 Agent 能够对广告信息作出反应,生成观点值,并改变自身对广告信息的认知状态。

4) 有限理性:在广告信息传播时,用户 Agent 能够基于广告效用阈值进行判断,选择是否传播广告信息。用户 Agent 不会在接收到广告信息后立即进行传播行为,并且假设每轮中用户 Agent 的状态最多改变一次。

(2) 主体属性

用户 Agent 除了上述提到的特性外,还需要考虑一些代表性属性来体现个体的异质性。本章结合广告信息传播过程,设计了以下属性。

1) 静态属性

接受意愿 $will$:代表用户出于主观因素对该广告信息的感兴趣程度。$will=0$ 时,表示用户对该广告信息完全不感兴趣;$will=1$ 时,表示用户非常愿意接受该广告并进行传播、购买等行为。用户 Agent 在每个时间周期内,在区间[0,1]内随机产生接受意愿值,用以在交互中进行状态转换判定。

权威度 aut:代表用户对其他用户影响力的大小,其值等于邻居节点数占总节点数的比例。该比例越高,代表其传递广告的权威度越大,越容易促使与之交互的个体改变观点值。

曝光率 β：广告传播中 S 转移到 E 的概率，通常取决于广告质量、传播平台等客观因素。每个时间周期内，S-Agent 得知广告信息后，在区间[0，1]随机内生成该广告对其的曝光率 β，用以在交互中进行状态转换判定。

免疫率 γ：广告传播中 I 转移到 R 的概率，通常取决于广告质量、用户生命周期等客观因素。每个时间周期内，I-Agent 在区间[0，1]随机内生成对该广告对其的免疫率 γ，用以在交互中进行状态转换判定。

2）动态属性

认知状态 State：本文依据用户 Agent 对广告信息的认知状态，将其分为六类：S-Agent、E-Agent、I_a-Agent、I_{b1}-Agent、I_{b2}-Agent 以及 R-Agent。用户 Agent 对广告信息的认知状态能在这六种状态之间进行转换。

激活率 $\sigma(i)$：代表用户被广告吸引后进行分享的概率大小，其值等于感染邻居权威度占总邻居权威度的比例。激活率越大，说明用户越可能发生状态转变。

权威比例 $a(i)$：代表广告传播中，当 E 节点发生转移时，激活率中最大单个节点的占比比例，其值等于最大感染节点权威值/感染邻居权威值。若 $a(i)$ 大于阈值，说明转变主要受权威性影响，传播处于第一阶段；反之则说明主要受从众性影响，传播处于第二阶段。

6.2.2 多主体 SEIR 交互参数构建

（1）信息接受意愿

定义接受意愿（$will$）指标来反映用户对该广告的内容、形式等感兴趣程度，用户接受意愿越高，传播概率越大。用户的接受意愿通常为主观意志，结合实际情况，用户的接受意愿大多处于居中状态，只有少数用户接受意愿度特别高或特别低，因故实验中设计接受意愿值[0，1]服从正态分布。

$$will_i \sim N(0, 1) \tag{6-1}$$

$will=0$ 时,表示用户对该广告信息完全不感兴趣;$will=1$ 时,表示用户非常愿意接受该广告并进行传播、购买等行为。在实际传播中,用户并非同时活跃。每个时间单位里,$will$ 指标用于判断用户是否活跃。

(2) 信息价值

社会网络形成的一大动力就是信息效用。通常情况下,信息效用与信息传播者高度相关,越是权威的意见领袖所传递的广告信息,在用户看来就是越可靠和可信的。定义权威度指标来代表信息效用,其值等于广告传递者的邻居节点数占社区总节点数的比例。该比例越高,代表其传递广告的权威度越大,越容易促使与之交互的个体改变观点值,则用户的信息效用越高。权威度函数定义如公式(6-2)所示:

$$aut_j = \frac{neighbor(j)}{total} \tag{6-2}$$

其中 $neighbor(j)$ 代表节点 j 的邻居节点数目,$total$ 代表整个网络中的节点数目。为了防止权威度数值过小,对权威度函数进行 min-max 标准化处理,将权威度数值映射到[0,1]区间内,以方便观察后续实验中权威度对广告信息传播的影响。故基于权威度的信息效用标准化处理公式如(6-3)所示:

$$aut_j = \frac{aut_j - \min\limits_{1 \leqslant i \leqslant total}\{aut_i\}}{\max\limits_{1 \leqslant i \leqslant total}\{aut_i\} - \min\limits_{1 \leqslant i \leqslant total}\{aut_i\}} \tag{6-3}$$

(3) 社交价值

社会网络形成的另一大动力就是从众效用和学习效用。从众效应通常在广告扩散的中后期较为明显,此时社会网络环境下用户的决策具有外部性,因此做出购买决策时需要考虑采用新产品的朋友数目和社交网络圈子中朋友的认同价值。已知网络主体是否会采纳该产品受到已采用该产品的网络邻居数目的影响(即前面定义的信息效用),定义节点 i 在接受广告影响时,应按从众性加权平均邻居节点的信息效用。即节点接受广告的效用等于其被感染的邻居节点的权威值的和,比上其邻居节点所有权威性。这样,当节点的邻居节点被感染得越多,用户越容易受到群众观点影响,产生怀疑并改变自己的观点。综上,考虑从众效应后的信息效用具体公式所示

$$\sigma_i = \frac{\sum_{j=1}^{positveneighbor} aut(j)}{\sum_{j=1}^{neighbor} aut(j)} \quad (6\text{-}4)$$

其中 $neighbor$ 代表节点 i 的邻居节点,$positveneighbor$ 代表节点 i 所有被感染的邻居节点集合。

(4) 多主体 SEIR 交互机制

影响用户购买行动的因素很多,可以归纳为内在和外在因素。外在因素主要指关系密切的群体对商品的看法、兴趣,在这一过程中用户会对广告商品进行搜索调查并参考好友的口碑传播,权威性和从众性很好地衡量了外在因素。而内在因素主要是跟用户的接受意愿,其与个人相关的年龄、经济能力等个体因素,以及跟用户购买动机、对某产品的感受等相关的心理因素相关。在商品进行广告传播过程中,广告信息符合了用户需求,吸引了用户兴趣,并经由外在刺激而巩固学习,从而激发了用户的购买行为。

分别考虑两个阶段中用户自身的接受意愿,以及不同阶段的主要参考因素:权威性、从众性。由此定义广告信息对用户的激活函数为公式:

$$\sigma_i = \begin{cases} 0, & will_i < will_0 \\ \dfrac{\sum_{j=1}^{positveneighbor} aut(j)}{\sum_{j=1}^{neighbor} aut(j)}, & will_i > will_0 \end{cases} \quad (6\text{-}5)$$

其中，$\sigma(i)$ 代表个体 i 被激活进行传播的概率，$will_i$ 为个体 i 的接受意愿的值，$will_0$ 为网络中设定的个体活跃阈值。$will$ 的取值均在区间 $[0,1]$ 服从标准正态分布。$neighbor$、$positiveneighbor$ 分别代表个体 i 的邻居节点数和感染邻居节点数，$aut(j)$ 代表节点 j 的标准化权威值。

多阶段 SEIR 模型中，用户状态转移最关键的步骤即从 E（潜在传播者）到 I（传播者）的两阶段激发过程。根据上述参数定义及描述，多阶段 SEIR 中从 E 到 I 的交互转移机制如下：

① 若 $\sigma(i)=0$，则用户对广告的接受度为 0，用户状态不发生改变。

② 节点 E 以 $\sigma(i)$ 概率发生状态转移。此时，根据其 $\sigma(i)$ 中邻居节点的贡献情况（具体见第五章），判断转移的核心原因为权威性还是从众性，决定转变为 I_a 还是 I_{b2}。

③ 节点 I_a 以概率 $\sigma(i)$ 发生状态转移，转变为 I_{b1}。

6.3 仿真实验

6.3.1 仿真操作步骤

基于上述激活率函数的构建，可以实现基于信息价值和社会价值的状态转换。具体的，需要进一步定义多主体模型仿真时的算法操作步骤，以下是详细介绍。

（1）步骤 1：广告投放阶段

社交网络平台上广告传播有两个重要的动力组成部分：来自企业主的

传播动力和来自广告信息自传播的动力。广告信息传播初期，品牌方在社交网络平台上开展营销传播，获得消费者的关注和参与，达成自传播的效果。在这个阶段，用户被 I（传播者）分享的广告营销吸引注意力，从 S（未知者）转变至 E（潜在传播者）。具体交互可通过遍历 I（传播者）的邻居节点，找到被初步感染的 S（未知者），判定其是否转变为 E（潜在传播者）。

该步骤的操作包括：首先，初始化包括输入社交网络图 G，未感染者 S，已感染者 I_a、I_{b1} 和 I_{b2}，以及设定的曝光率的阈值 β_0。其次，在社交网络图 G 中，选择所有该周期活跃（active == True）且处于状态 I_a、I_{b1}、I_{b2} 的节点，这些节点代表已经接触到广告并可能将其传播的当前传播者。接着，由于每个节点、每个周期只改变一次状态，排除那些刚被感染的传播者。然后，对于每个传播者的邻居节点，如果邻居节点处于 S 状态且活跃，则为其随机生成一个曝光率 β，并比较该曝光率与 β_0。如果曝光率低于阈值 β_0，则该邻居节点的状态从 S 变更为 E，并标记状态已改变。最后，通过这个过程，广告信息在社交网络中的传播被模拟，从初始的传播者扩散到新的潜在传播者。

步骤一的伪代码如下：

步骤 1：广告投放阶段 S-E

输入：G，S，I_a，I_{b1}，I_{b2}，β_0
输出：E

---

1. I_node $= G$.select(status $==I_a$ or I_{b1} orI_{b2} and active $==$ True)
2. FOR node in I_node do：
3.   IF NOT node.changed：
4.   neighbors$=$node.neighbors()
5.   FOR neighbor IN neighbors do：//对 I 邻居的 S 节点进行感染判定
6.   IF neighbor.status $==$ S and active $==$True：
7.   neighbor.$\beta=$random()
8.   IF β $<\beta_0$：//曝光率与曝光率阈值进行比较

9.		node.status= *E*
10.		node.changed=True
11.	End	
12.	End	
13.	End	
14.	End	
15.	End	

(2) 步骤二：广告传播阶段

随着广告传播的演变，用户群体从无感到部分用户自动转发的转变过程，对应着从 E（潜在传播者）到 I（传播者）的两阶段激发过程。在两阶段 SEIR 传播模型中，根据用户转变的动力原因，用户又被划分为 I_a（第一阶段传播者）、I_{b1}（第二阶段新激活传播者）、I_{b2}（第二阶段再激活传播者）。广告传播中，首先，接收一个社交网络图 G 和潜在传播者的集合 E，以及两个阈值：激活率阈值 σ_0 和权威值占比阈值 a_0。其次，遍历所有激活且处于 E 状态的节点，检查每个节点的状态，是否本轮周期已改变。如果没有，它计算该节点所有邻居的总权威值和处于传播状态邻居的总权威值，并找出单个最大邻居权威值。接着，如果激活的邻居的权威值与总邻居权威值的比例低于 σ_0，则节点保持在 E 状态。如果存在一个邻居，其权威值占比超过 a_0，则节点转变为第一阶段传播者 I_a；否则，节点转变为第二阶段新激活的传播者 I_{b1}。接下来，对于处于 I_a 状态的节点，如果它们没有最近发生状态改变，那么再次计算它们邻居的总权威值和激活邻居的总权威值。最后，如果没有单个邻居的权威值占比超过 a_0，则这些 I_a 状态的节点因种草效应被转变为第二阶段再激活的传播者 I_{b2}。通过这一系列步骤，广告在网络中的传播按照用户转变的动力原因和社交影响被分成不同的阶段。根据前面的参数定义及描述，总结具体交互转移机制如下：

① 根据用户接受意愿，判断用户是否参与本轮传播(在主函数中完成)。

② 计算节点 E 的激活率 $\sigma(i)$，若大于激活率阈值 σ_0，则状态转变。

若节点 E 存在一个邻居节点 k，其权威值占比 $a(k)$ 大于阈值 a_0，说明节点 E 的转变主要受意见领袖的权威性影响，此时处于第一阶段，转变为 I_a；

若节点 E 不存在任何一个邻居节点，其权威值占比能够超过阈值 a_0，说明节点 E 的转变是在多节点共同影响下发生的从众行为，此时处于第二阶段，转变为 I_{b1}。

③ 计算节点 I_a 的激活比例 $a(i)$，当 $a(i)$ 小于阈值 a_0 时，节点 I_a 受网络中种草效应影响再度激发，转变为 I_{b2}。

根据上述步骤，在用户扩散下，广告获得大范围、多阶段的曝光。对应的伪代码如下：

步骤 2：广告传播阶段 E-I

输入：G, E, σ_0, a_0
输出：I_a, I_{b1}, I_{b2}

```
1.  E_node = G.select(status == E and active == True)
2.  FOR node in E_node： //对所有的 E 判定是否转移
3.      IF NOT node.changed：
4.          node.changed = True
5.          neighbors = node.neighbors()
6.          i_node_aut = 0
7.          all_aut = 0
8.          max_i_aut = 0
9.          FOR neighbor IN neighbors：
10.             all_aut += neighbor.aut   //加和所有邻居节点的权威度
11.             IF neighbor.status == (I_a or I_b1 or I_b2)：
12.                 i_node_aut += neighbor.aut   //加和被感染邻居节点的权威度
13.             max_i_aut = neighbor.aut > max_i_aut? neighbor.aut : max_i_aut   //判定该节点是否存在一个极度权威的邻居节点
```

```
14.            End
15.         End
16.         IF i_node_aut / all_aut < $\sigma_0$:
17.            node.status= $E$
18.         ELIF max_i_aut / i_node_aut > $a_0$:
19.            node.status= $I_a$
20.         ELSE:
21.            node.status = $I_{b1}$
22.         End
23.      End
24. End
25.
26. Ia_node= $G$.select(status == $I_a$ and active==True)  //对所有Ia判定是否发生再转移
27. FOR node in Ia_node:
28.      IF NOT node.changed:
29.         node.changed=True
30.         i_node_aut=0
31.         all_aut=0
32.         max_i_aut=0
33.         FOR neighbor IN neighbors:
34.            all_aut += neighbor.aut   //加和所有邻居节点的权威度
35.            IF neighbor.status == ($I_a$ or $I_{b1}$ or $I_{b2}$):
36.               i_node_aut += neighbor.aut   //加和被感染邻居节点的权威度
37.            End
38.            max_i_aut=neighbor.aut>max_i_aut? neighbor.aut:max_i_aut   //判定该节点是否存在一个极度权威的邻居节点
39.         IF max_i_aut / i_node_aut < $a_0$:
40.            node.status = $I_{b2}$
41.         End
42.      End
43.   End
44. End
```

(3) 步骤三：广告免疫阶段

广告信息传播末期主要为用户对广告免疫的过程，随着时间流逝，用户兴趣逐渐衰退,用户以一定概率流失,从 I(传播者)转变至 R(免疫者)。具体操作步骤中,首先,接收一个社交网络图 G,以及三种传播者状态的节点集合,即 I_a(第一阶段传播者)、I_{b1}(第二阶段新激活传播者)、I_{b2}(第二阶段再激活传播者),以及免疫概率阈值 γ_0。其次,遍历所有活跃且处于这三种传播状态的节点集合 I_node。接着,对于集合中的每个节点,如果节点的状态最近没有发生变化,程序将为节点生成一个随机的免疫概率 γ。然后,如果这个随机产生的免疫概率小于设定的阈值 γ_0,那么这个节点的状态将从 I(传播者)变更为 R(免疫者),同时标记该节点的状态为已改变。这个过程模拟了广告信息传播末期用户兴趣的衰退和对广告信息的免疫现象,表示用户不再参与广告的传播过程,从而结束其在广告传播链中的作用。

步骤 3 的伪代码如下:

步骤 3:广告免疫阶段 I-R

输入:G, I_a, I_{b1}, I_{b2}, γ_0
输出:R

```
1.  I_node = G.select(status == I_a or I_b1 or I_b2 and active == True)
2.  FOR node in I_node:
3.      IF NOT node.changed:
4.          node.γ = random()
5.          IF γ < γ_0:
6.              node.status = R
7.              node.changed = True
8.          End
9.      End
10. End
```

---

(4) 复杂网络中的两阶段多主体模型模拟

上述的具体操作需要集合至一个完整的交互模拟中,在复杂网络中的两

第6章 基于多主体模型的植入式广告传播分析

阶段多主体模型模拟操作步骤中,首先需要生成网络并进行初始化,网络 G 中所有节点的状态被初始化为 S(未知者),表示在模拟开始时,所有个体都未接触到广告信息。同时,所有节点的状态更改标志被设置为 False,表示没有节点的状态在初始时刻发生变化。接着,网络中度数(即连接数)最大的前 10 个节点被选中并将它们的状态设置为 I_a,即这些节点作为广告信息的初始传播者。

然后,模拟进入主循环,每个周期内首先随机生成一个意愿值 $will$,与给定的接受意愿阈值 $will_0$ 比较,以此决定该周期内的每个节点是否活跃参与状态交互。如果节点的意愿值小于阈值 $will_0$,则该节点在本周期内被认为是活跃的,否则不参与本轮状态交互。在每个周期内,系统将依次执行以下步骤:广告 S(未知阶段)的传播模拟、潜在 E(传播者)阶段的传播模拟、传播者 I_a 阶段的再激活传播模拟、R(免疫阶段)的传播模拟。最后,每个周期结束后,所有节点的状态改变标志重置为 False,为下一个周期的模拟做准备。

整个过程重复进行,直至达到预定的周期数 T,模拟结束。这一模拟过程反映了广告信息在网络中从未知到被接受,再到传播,最终到达饱和和免疫的全过程。综上所述,复杂网络中多主体两阶段 SEIR 模拟的伪代码如下:

复杂网络中的多主体两阶段 SEIR 模拟

输入: G, T, $will_0$
输出: S, E, I_a, I_{b1}, I_{b2}, R

---

1. G.status = S // 初始化节点状态为 S
2. G.changed = False
3. FOR node IN top_10_degree_nodes(G):
4.   node.status = Ia   // 将度最大的 10 个节点的状态赋值为 Ia
5. End
6. FOR t IN range(T):
7. G.$will$ = random()
8. G.active = True IF $will$ > $will_0$ ELSE False   //判定节点接受意愿

9.	simulate_spread_S(graph) //步骤一
10.	simulate_spread_E(graph, turns) //步骤二
11.	simulate_spread_I_a(graph, turns) //步骤二
12.	simulate_spread_R(graph) //步骤三
13.	G.changed=False
14.	End

6.3.2 仿真参数设置

由于视频平台的传播更接近意见领袖向粉丝进行传播的机制,故本节选择最贴近的无标度网络进行模拟仿真,并在初始时刻选择10个度较大的节点作为初始传播节点,模拟广告传播初期状态,即$I_a(0)=10$,$S(0)=9\,990$,其余部分为0。多主体模型仿真与传染病模型仿真中节点转换流程相同,但是判定条件需具体到单个节点,从节点纬度进行定义,各流程判定具体参数阈值如表。为了方便计算,令多个状态的节点衰退率相同均为0.1。

表6-1 多主体模型仿真参数表

参数	定义	含义	取值范围	初始值
β_0	曝光率阈值	S转变为E的概率上限,若用户的曝光率值小于阈值,则发生转变	0—1	0.9
σ_0	激活率阈值	E转变为I的概率下限,若用户的激活率值大于阈值,则发生转变	0—1	0.1
a_0	权威比例阈值	E转变为I的激活率中,最大感染节点的贡献比例,若转变用户的权威比例大于阈值,则转变为I_{b1},反之为I_a	0—1	0.9
γ_0	恢复率阈值	I转变为R的概率上限,若用户的激活率值小于阈值,则发生转变	0—1	0.1

(续表)

参数	定义	含义	取值范围	初始值
$will_0$	接受意愿阈值	用户参与状态转变的概率下限,若用户意愿值大于阈值,则参与状态转变	0—1	0.4

6.4 仿真结果分析

为了更深入地从微观层面探究广告传播的机制,我们依据已有的多主体模型和交互规范,设置符合实际情况的复杂网络,通过改变参数来研究用户异质性和网络结构对广告信息传播的影响。在仿真实验中,可以调整节点的接受意愿、激活率阈值、权威比例等个体特征,并改变网络的平均度、大小、初始节点选择等结构属性。通过观察和记录广告信息传播的过程和结果,可以揭示广告传播的宏观规律以及个体异质性和网络结构对广告信息传播的影响程度。

6.4.1 整体趋势分析

根据图 6-2,多主体建模在模拟广告传播时确实展现出了与经典传染病模型既相似又不同的特点。这种差异主要源于多主体建模对个体异质性和网络结构的细致考虑,使得模拟结果更加贴近现实世界的复杂性和动态性。

首先,多主体建模中每个状态在结束时仍存在少部分用户,反映了现实世界中广告传播的不完全性和持久性。即使在广告活动结束后,仍会有部分用户保持对广告信息的关注或处于潜在传播状态。这与传染病模型中所有个体最终都会达到某一稳定状态(如完全免疫)的假设不同,更加符合广告传

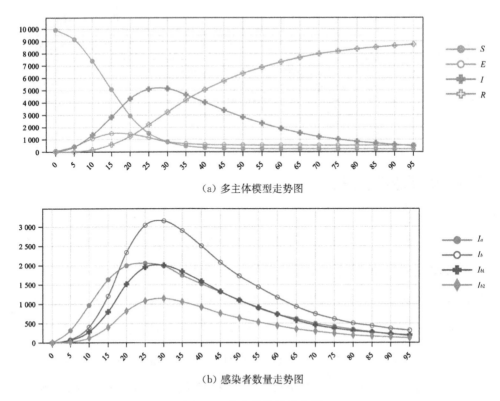

（a）多主体模型走势图

（b）感染者数量走势图

图 6-2 多主体模型仿真图

播的实际情况。

其次，I_a 曲线与 I_b 曲线的起始阶段差异体现了多主体建模中个体转换规则的作用。在多主体建模中，I_a 在初期快速增加，而 I_b 在一段时间内保持为零。这可能是因为模型设定了用户在接收到广告信息后需要一定时间进行考虑和决策，才能进入第二阶段。这种设定使得广告传播过程呈现出明显的阶段性特征，与传染病模型中两个阶段几乎同时开始的假设不同。

此外，两条曲线的交叉点也揭示了不同阶段感染者之间的动态关系。在多主体建模中，I_a 曲线与 I_b 曲线在某一时刻交叉，意味着随着时间的推移，第二阶段感染者的数量开始超过第一阶段感染者。这可能是由于第一阶段感染者的口碑传播和影响力逐渐增强，吸引了更多用户进入第二阶段。而在传染病模型中,由于缺乏对个体转换规则的细致考虑,可能无法观察到这种动态变化。

综上所述,多主体建模在模拟广告传播时能够更准确地反映现实世界的复杂性和动态性,为制定有效的广告策略提供了有力的支持。通过对模型参数的调整和优化,我们可以进一步探索不同因素对广告传播效果的影响,为实践中的广告传播活动提供科学依据。

6.4.2 传播过程分析

根据上述整体仿真结果,我们可以观察到传播者 I 数量的增加包括两个阶段。本节旨在对传播过程进行分时间点切片,以更好地理解传播者的变化规律。在网络中,我们使用不同颜色的节点来代表不同类型的传播者:绿色表示待感染节点和潜伏状态节点,粉色表示第一阶段传播者 I_a,红色表示第二阶段再激活传播者 I_{b2},黄色表示第二阶段新激活传播者 I_{b1},灰色表示衰退阶段。

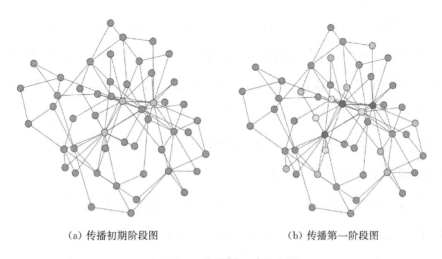

(a) 传播初期阶段图　　　　　(b) 传播第一阶段图

图 6-3　早期传播网络结构图

首先,在传播的初始阶段,网络中的大部分节点处于待激活状态。通过投放广告,一些度较大的意见领袖成为第一阶段传播者 I_a,凭借其较高的影响力和关注关系,将广告信息从中心节点向边缘节点传播。随着传播的进行,未知节点逐渐了解产品,开始对其产生兴趣,普通用户开始参与到传播过程中,加入并也成为第一阶段传播者 I_a。在这个阶段,消费者通过视频广告获取与商品有关的信息,例如质量评价、价格比较等,从而做出理性的购买决策。

当然,部分用户可能在了解信息后并不立即购买,但此时他们并没有完全失去兴趣衰退为 R。此时,消费者会利用便捷的网络主动搜索和收集与广告商品相关的信息,在这个阶段,消费者的主动性逐渐增强,他们通过搜索行为获取与商品有关的信息,成为第二阶段传播者 I_{b1}。在这个过程中,社交网络平台通过搜索营销,通常是在强化关键词信息的基础上引入搜索引擎营销,例如将广告包装成热点话题,或将广告与热点事件或话题结合起来,既满足了消费者的信息需求,同时吸引了更多人进行搜索。若消费者进行购买行为,则该行为通过商品和品牌的流通实现了产品和广告信息的扩散,形成了广告信息传播过程中的光环效应。

随着消费者由信息的被动接收者转变为主动比较者,他们逐渐成为广告传播的另一个推动力量。在第一阶段中促进了用户对产品的意识形成,为用户的购买决策提供了依据。然而,一旦用户进行购买行为,他们可以通过分享来形成口碑效应,消费者的消费体验分享可以极大地提升广告信息的可信度和大众对其的好感度,进一步提升社交网络平台广告的传播效果,从品牌营销推动转变为用户分享推动。

随着用户分享推动传播,许多节点再次被营销推广覆盖,并激发未分享用户的再度参与。此时,网络中对产品还不了解的未知节点数量较少,大部分节点已经对产品有一定的信息了解。在这个阶段,节点受其邻居节点影响的比重加大,因用户的从众心理,许多在第一阶段仍处于犹豫状态的节点被激发成为第二阶段传播者I_{b1}。

最后,随着时间的推移和消费者对产品兴趣的衰减,节点从中心到边缘逐渐衰退。这可能是由于消费者对广告兴趣的减少、信息饱和或其他因素导致的。在衰退阶段,传播者的数量逐渐减少,网络中的节点逐渐回归到衰退状态。

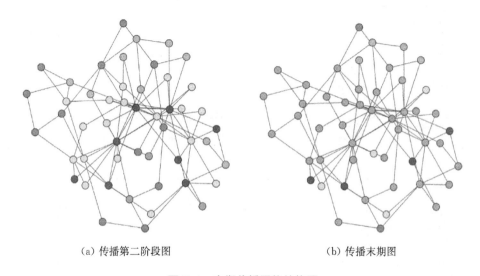

(a) 传播第二阶段图　　　　　　　(b) 传播末期图

图 6-4　末期传播网络结构图

6.4.3　用户异质性分析

(1) 接受意愿阈值

为了探究用户接受意愿阈值 $will_0$ 取值不同时对于广告传播的趋势,分别设置 $will_0=0.9$、$will_0=0.6$、$will_0=0.3$、$will_0=0$ 四种情况。其中当 $will_0=0$ 时,则表明在每个传播周期内,所有节点都处于活跃状态。保持其他参数相同,图 6-5 为不同接受意愿阈值时的传播人数曲线图。

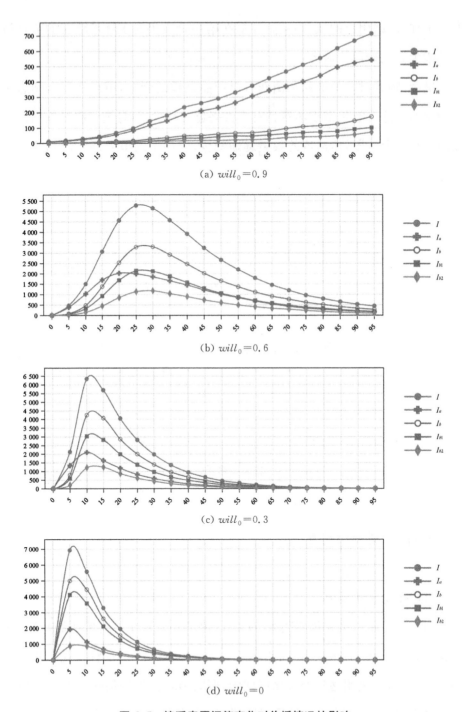

图 6-5 接受意愿阈值变化对传播情况的影响

研究结果表明,随着用户接受意愿阈值 $will_0$ 的降低,广告传播呈现出显著的变化趋势。首先,广告的传播速度呈现出明显的加快态势,这直接体现在传播曲线的斜率显著增大,反映出广告信息在用户间的传递更为迅速。其次,广告的传播规模亦得到显著扩大,这体现在传播曲线的峰值显著上升,表明广告信息的覆盖面和影响力得到了有效提升。从广告传播的不同阶段来看,随着 $will_0$ 的增加,第二阶段传播者 I_b 的比例呈现上升趋势,特别是第二阶段新激活传播者 I_{b1} 数量的增长尤为明显。这一现象的产生,一方面是由于传播速度的加快使得新产品意识得以迅速建立,用户对于广告信息的认知更为清晰;另一方面,用户在了解产品但尚处于犹豫阶段时,受到从众心理的影响,更倾向于参与到广告信息的传播过程中,从而进一步推动了广告的传播。

在实际营销中,广告传播策略的制定需充分考虑到用户接受意愿和市场环境的不同情况。当广告营销内容涉及较新的概念或面临竞争对手的强力营销活动时,用户的接受意愿可能相对较低,从而导致品牌传播速度较慢。在此情境下,品牌传播应更加注重内容介绍的深度和广度,提高内容质量,以迅速建立正确的产品意识,增强用户的认知和接受度。相反,当广告营销内容是对已有概念的增强或市场环境相对宽松时,应加大社交营销的力度,通过扩散行为的几何级数增加广告曝光,以进一步扩大广告的传播范围和影响力,提升广告传播效果。

(2) 激活率阈值

相比于两阶段 SEIR 传染病模型,多主体建模中细化了激活率 σ,设定激活率函数 $\sigma(i)$ 的值为感染邻居权威度占总邻居权威度的比例。如图 6-6 所示,无标度网络全局节点的度分布与权威值的分布呈现二八分布,绝大部分节点的权威值分布位于 $(0, 0.4)$ 之间,因此激活率阈值 σ_0 的取值也大部分落在 $(0, 0.4)$ 之间。为了探究激活率阈值 σ_0 不同时对广告传播的影响,分别设

置 $\sigma_0=0.05$、$\sigma_0=0.1$、$\sigma_0=0.2$、$\sigma_0=0.4$ 四种情况,并保持其他实验条件相同,观察传播人数曲线图。

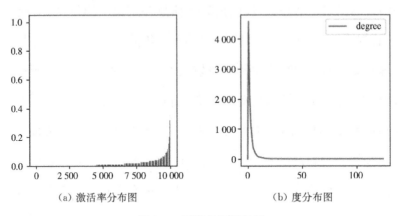

(a) 激活率分布图　　　　　(b) 度分布图

图 6-6　网络结构情况图

从图 6-7 中可以看出,当激活率阈值 σ_0 处于较高水平(例如 $\sigma_0=0.4$)时,广告传播的范围相对有限,仅在较小的用户群体中扩散。随着激活率阈值的降低,广告的传播规模逐渐扩大,这种增长趋势主要是由第二阶段影响人数的增加所推动的。这一观察结果与第 4 章中的结论相吻合,进一步证实了激活率阈值对广告传播效果的重要影响。在第四章的讨论中,由于激活率本身不具有直观的可解释性,我们只能将其归结为第一阶段和第二阶段用户之间的竞争性:随着激活率的提高,用户更快地进入感染状态,即第一阶段用户数量较快地减少,从而为第二阶段用户数量的增加创造了条件。然而,这种解释相对抽象,未能深入剖析背后的作用机制。

得益于多主体建模对用户异质性的充分考虑,结合激活率函数的定义,在本章中我们可以对这一现象进行更为深入的解释。在第一阶段,用户激活兴趣后主要进行搜索行为,此时他们的购买和传播决策更多地依赖于信息质量,这些信息主要来源于品牌的广告投放和热点营销,而与其他用户的相关性较小。然而,当激活率阈值降低时,感兴趣的用户规模扩大,此时用户的购买决策受到网络外部性的影响程度逐渐增强。换句话说,随着感兴趣用户数量的增加,用户更容易受到从众心理的影响,进而做出购买和分享传播的决策。这种从众效应不仅加速了广告的传播速度,还扩大了其传播规模。

值得注意的是,当激活率阈值降低到足够小的程度(例如 $\sigma_0=0.05$)时,与 $\sigma_0=0.1$ 时的传播规模差别并不显著。这表明在这种情况下,网络中的大部分用户已经被充分激活,此时进一步降低的激活率阈值对从众效应的影响变得微乎其微。这一发现不仅揭示了激活率与从众性之间的相关性,也再次验证了本章提出的作用机制的合理性。

综上所述,激活率阈值在广告传播中扮演着重要角色,调整激活率阈值可以有效地影响广告的传播规模和速度。同时,用户异质性和从众心理在广告传播过程中的作用不容忽视,它们共同塑造了广告传播的动力学特性。因此,在制定广告策略时,应充分考虑这些因素,以实现广告效果的最大化。

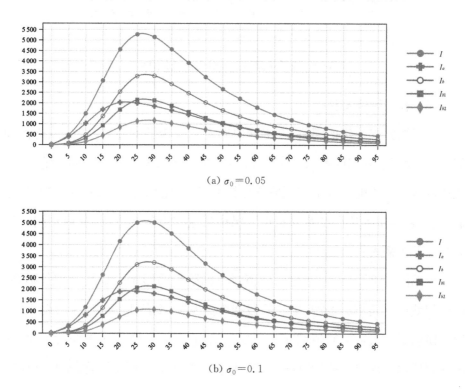

(a) $\sigma_0=0.05$

(b) $\sigma_0=0.1$

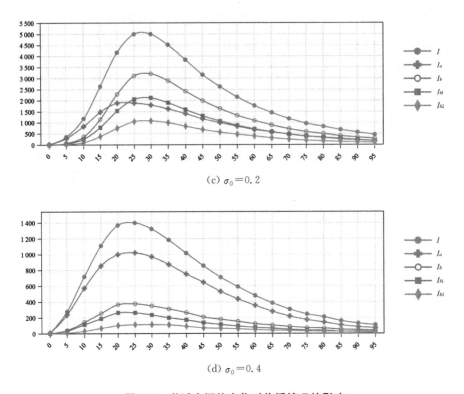

(c) $\sigma_0 = 0.2$

(d) $\sigma_0 = 0.4$

图 6-7 激活率阈值变化对传播情况的影响

(3) 权威比例阈值

为了探究权威比例阈值 a_0 不同时对于广告传播的趋势,将权威比例阈值 a_0 从大到小分别设置 $a_0=0.9$、$a_0=0.8$、$a_0=0.7$、$a_0=0.6$ 四种情况,权威比例从用户角度衡量了该领域意见领袖对用户的说服力水平,权威比例越低,用户越容易听从意见领袖意见。保持其他实验条件相同,观察不同阈值的情况下传播人数曲线图。

根据图 6-8 所示,权威比例阈值对不同阶段的影响人数具有显著影响。随着权威比例阈值的增加,第一阶段影响人数的峰值呈现出减少的趋势,而第二阶段影响人数的峰值则相应增加。然而,总人数峰值几乎保持不变,这表明权威比例阈值主要影响的是广告传播过程中的不同阶段,而不是整体的传播规模。第二阶段人数的增加主要是因为从众效应导致的新激活用户 I_{b1} 的增加。这进一步说明了权威比例阈值在塑造广告传播动力来源方面的重要作用。

当权威比例阈值较低时,意味着用户较容易受到权威的意见领袖影响而被感染。权威比例阈值较低的行业对应着一些高专业度、高技术门槛、用户了解不足的产品。在这种情况下,即使用户的社交网络中有很多朋友分享了相关信息,但这些信息的可信度仍处于较低水平。用户对信息质量的追求,导致他们此时更多地依赖于意见领袖的专业意见。

相反,在权威比例阈值较高的行业中,说明用户不再局限于高权威的意见领袖意见。权威比例阈值较高的行业对应着一些大众的、用户已有充分了解的成熟产品。此时,热门的意见领袖并不一定代表更高的可信度,这是因为网民对明星和专家发表的口碑信息信赖度往往较低,他们可能认为这是一种带有广告性质的、失去公正性的信息。当某个产品的权威比例阈值较高时,用户此时更愿意参考"草根"领袖的意见,如用户的亲属、朋友等,他们与用户之间存在更为紧密的关系,并且具有独特的个人魅力和影响力。随着意见领袖从专业权威向草根领袖的转变,用户对广告信息的需求也逐渐从权威性转变为从众性,标志着广告传播进而进入第二阶段。

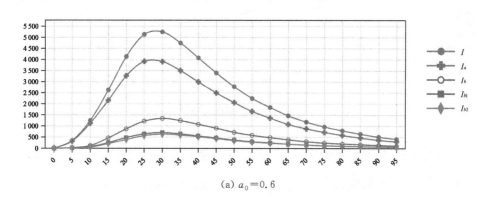

(a) $a_0 = 0.6$

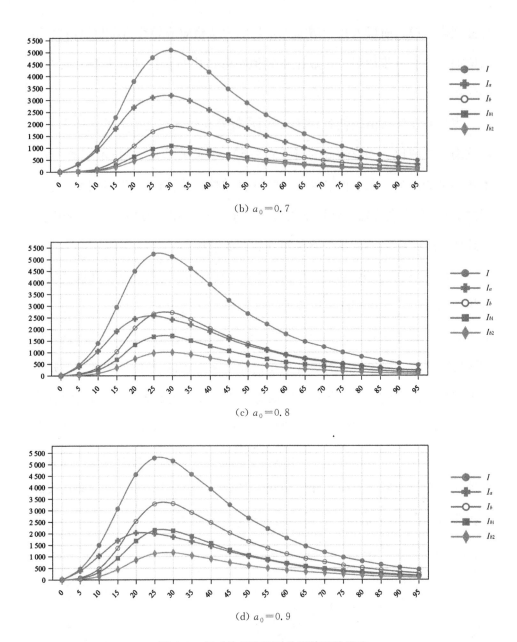

(b) $a_0 = 0.7$

(c) $a_0 = 0.8$

(d) $a_0 = 0.9$

图 6-8 权威比例变化对传播情况的影响

综上所述,权威比例阈值在广告传播过程中具有重要作用,它不仅影响不同阶段的影响人数,还反映了行业中信息领袖的可信度和用户的信息需求。在制定广告策略时,商家需要充分考虑权威比例阈值的影响,以便更加精准地定位目标受众,提高广告传播的效果。

6.4.4 复杂网络结构分析

(1) 平均度

除节点特征外,复杂网络的情况也会影响广告信息的传播。网络的平均度也是复杂网络中一个重要的性质,往往用来衡量网络整体的活跃度,记为 k。k 值越高说明节点间交互越多,反之则交互越少。保持其他实验参数相同的情况下进行比较分析,探究复杂网络平均度大小对广告传播的影响,依次调节平均度 $k=1$、2、3,进行仿真实验。

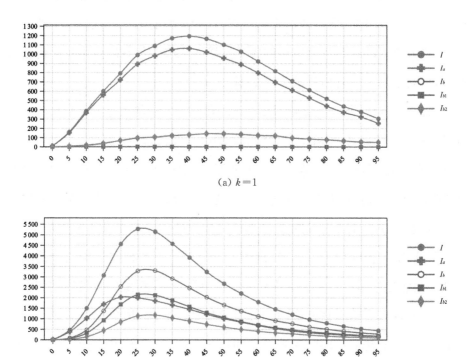

(a) $k=1$

(b) $k=2$

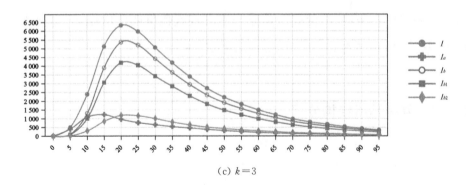

(c) $k=3$

图 6-9　网络平均度变化对传播情况的影响

根据图 6-9 所示的数据变动趋势,网络平均度对广告传播规模的影响呈现出一种清晰的负相关关系。具体而言,随着网络平均度的逐渐减小,网络中的最大传播规模亦呈现出递减的态势。特别是在网络平均度降至极低水平(如平均度为 1)时,第二阶段感染人数的显著减少直接导致了广告传播过程的迅速终结。这一现象的本质原因在于,低平均度网络中存在大量孤立节点,这些节点因缺乏与其他节点的有效连接而无法参与到广告信息的传播过程中,从而限制了广告信息的扩散范围。

然而,当网络平均度逐渐提升时,我们观察到广告传播过程呈现出不同的特点。在第一阶段,传播峰值呈现出下降的趋势;而到了第二阶段,传播峰值则明显上升。这一变化表明,在度更高且连接更为紧密的网络中,用户之间的相互影响和从众效应变得更为显著。特别是在社群结构中,由于成员之间联系紧密、兴趣相似,广告信息在社群内部的传播速度和效率均得到显著提升。

因此,对于企业而言,在广告营销中应充分认识和把握社群内传播的重要性。企业通过精准识别并利用社群结构,可以选择合适的意见领袖和核心节点,以实现广告信息在社群内部的有效传播。同时,加强与社群成员的互动和沟通,积极塑造正面的品牌形象和口碑,也是提升社群内传播效果的关键策略。在未来的研究中,我们可以进一步引入社区识别等先进方法,以实现对网络中社群的更精确划分和识别,从而为企业制定更为精准的广告营销策略提供有力支持。

(2) 初始节点选择与网络规模

在现实生活中,目标用户总规模的扩大往往伴随着网络中节点间差异性的增大。当总规模较小时,网络结构往往更为随机和多变,这使得在不同网络环境下,选择合理的广告投放策略显得尤为重要。为了深入研究广告信息传播过程中总人数和不同初始节点选择方案对传播效果的影响,我们进行了一系列仿真实验。在实验中,我们保持信息源头数和活跃程度恒定,分别设置了总人数为 1 000、10 000、100 000 三种不同规模的网络环境。同时,我们采用了随机选择和度数有限选择两种初始节点选择方案,以便对比分析不同策略下的传播效果。

经过 20 次仿真实验,我们得到了丰富的数据结果。当总人数 N 为 10 000 和 100 000 时,我们发现随机选取节点和选择度最大的节点这两种方式对于最终传播效果的影响微乎其微。并且,随着 N 的增大,感染者 I 的曲线结构也并未发生显著改变。然而,当 $N=1\,000$ 时,实验结果呈现出明显的区别,如图 6-10 可示,传播最终的人群结构发生了变化。

针对这些实验结果,我们可以得出以下结论:在较小的网络中,由于网络结构的不确定性较大,孤立节点或密集社群的存在对广告传播效果产生影响也较大。因此,不同投放方案之间的效果差异较为显著。在有限的空间内,广告信息传播的速度非常快,企业往往没有足够的时间进行多阶段营销方案的调整,这导致在大部分人接触到广告之前,结果的可控性相对较低。然而,在较大的网络中,社区结构等规律性特征更加明显,这使得不同投放方案之间的效果差异相对较小。在这种环境下,企业可以更加灵活地选择广告投放策略,以适应不同的网络结构和用户特征。

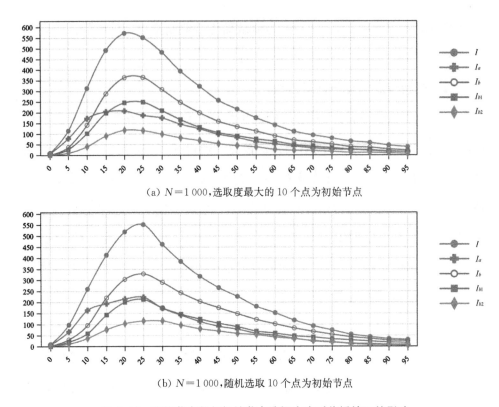

(a) $N=1\,000$,选取度最大的 10 个点为初始节点

(b) $N=1\,000$,随机选取 10 个点为初始节点

图 6-10 网络节点数与初始节点选择方案对传播情况的影响

综上所述,广告投放策略的选择应充分考虑目标用户的总规模和网络结构的特点。在较小的网络中,应注重投放方案的针对性和精准性;而在较大的网络中,则可以更加注重投放策略的灵活性和适应性。通过科学合理地选择广告投放策略,企业可以更有效地实现广告信息的传播和转化。

经过上述详尽的探讨,现将多主体 SEIR 模型的仿真结果系统地整理于表 6-2 中。通过深入分析参数变化,我们得以洞察不同影响因素对传播效果的作用,并据此提炼出切实可行的广告策略。

一方面,从节点异质性来看,接受意愿和激活率的阈值体现了间接传播的重要性。降低阈值能够提升传播速度,此时若能抓住热点,形成多话题营销,则能够利用间接传播效应,较大程度地提升第二阶段人数,从而扩大广

表 6-2　多主体 SEIR 模型仿真结果表

指标	广告含义	变化趋势（当参数增加时）	特点与策略	广告策略
接受意愿阈值 $will_0$	用户参与状态转变的概率下限	I、I_{b1} 增加	新产品意识迅速建立、从众效应明显	迅速建立正确的产品意识,加速进入第二阶段
激活率阈值 σ_0	E 转变为 I 的概率下限	I、I_b 增加	激活率高,传播快、热度高,间接效应传播更明显	在广告营销过程中制造多话题、保持热度
权威比例阈值 a_0	E 受权威影响转变为 I 的贡献比例下限	I_a 减少, I_b 增加	专业行业意见领袖效果明显,大众行业草根领袖影响力更强	结合产品及行业特性,选择合作的网红类型
平均度	用户网络紧密程度	I_a 减少, I_b 增加	在度更高且连接更紧密的网络中,从众效应更加明显	关注社群内传播的机会
初始节点选择与网络规模	广告投放方案与用户规模	I 结构稳定	较小网络中,不同节点选择方案结果随机性更大	关注目标群体的网络规模,在较小网络中注意风险把控

告传播的效果。权威比例的改变不影响总传播规模,但反映了不同信息成熟度的产品对应的理想传播结构。另一方面,对复杂网络结构的深入分析也揭示了节点连接方式对广告传播效果的重要作用,在较小规模、稀疏链接的网络中更应该注重广告的风险把控。通过综合考虑用户异质性和复杂网络结构的影响,其结果启发我们需要更加准确地识别不同类型的用户,从而促进用户转化。这些综合研究结果不仅丰富了我们对广告传播机制的理解,也为企业制定广告策略提供了有力的理论支持和实践指导。

6.5　本章小结

在本章中,我们深入探讨了用户异质性和复杂网络结构对广告传播的影响,采用自下而上的多主体建模方法,以更精确地理解和模拟广告信息在社会网络中的传播过程。

  首先,本章从广告传播的时间横切面出发,深入剖析了用户状态转变的四个节点,并揭示了这些转变背后的根本动机。其次,本章对多主体模型进行了仿真实验,分析了用户异质性对传播效果的影响,研究发现接受意愿阈值和激活率阈值的降低能够提升传播总人数,其效果主要来自网络中的热度加强了对第二阶段新激活人群的激发。权威比例阈值的改变会影响传播的结构:高权威比例阈值对应着热门成熟产品、更多用户在第一阶段被激活;低权威比例阈值对应着专业创新产品,更多用户在第二阶段被再激活。该结论阐释了用户在广告传播过程的不同阶段所表现出的不同动机。最后,本章重点关注了复杂网络结构对广告传播的影响。研究发现,当网络平均度较高时,节点间的连接更为紧密,网络活跃度随之提升,从而有效促进广告信息的传播。然而,在规模较小的网络中,用户之间的连通性呈现出较大的随机性,这增加了广告传播的不确定性。因此,在制定广告策略时,企业需要充分考虑网络规模及其特性,选择合适的投放方式,以最大化广告的传播效果。

  本章的研究成果为我们深入理解广告传播过程提供了新的视角和方法。通过综合运用多主体建模、用户异质性分析以及复杂网络结构研究等手段,我们能够更加精准地把握广告传播的规律和特点,为企业制定有效的广告策略提供科学依据。

第 7 章

考虑社交广告的供应链均衡分析

第7章 考虑社交广告的供应链均衡分析

随着互联网的快速发展,社交媒体取得了飞速的发展与进步,各类社交媒体形式也层出不穷。如微博等平台型社交媒体,微信和QQ等社群型社交媒体,滴滴出行和网易云音乐等工具型社交媒体,都对人们的生活产生了极大的影响,成为我们日常生活中不可或缺的一部分。与传统媒体不同的是,社交媒体通过用户来创造和传播内容,通过社交网络的传播方式,能够以更低的营销成本吸引更多的用户有效地参与和互动。另外,随着大数据、物联网和新零售的发展,传统零售行业的商业模式也发生了改变,供应链的线上渠道和线下渠道发生了深度融合,经历了双渠道、跨渠道、多渠道,渐渐发展出了全渠道这一新型零售模式。在这种全渠道的模式下,消费者可以跨渠道在任何时间、任何地点购买产品,在最大程度上为消费者提供便利。目前全渠道供应链渠道整合的范围大多集中在线上渠道、直销渠道、线下渠道与BOPS渠道,对其他渠道的研究还存在些许不足。

综上所述,本章构建了一个包含了线下渠道、线上直销渠道与社交媒体渠道的全渠道供应链模型,并以此为基础模型,在其需求函数中通过指数型函数对社交媒体广告极大的传播力度进行刻画,同时从分散化决策与集中化决策两种不同情形下对模型的最优广告和定价进行博弈分析和对比,探讨不同情形下不同参数以及社交媒体广告对供应链各成员的影响效果。

7.1 模型描述

7.1.1 基础模型

本章考虑一个由制造商通过两个有竞争关系的零售商销售其产品的全

渠道供应链,在供应链中制造商与零售商之间进行 Stackelberg 博弈,其中制造商为领导者,零售商为跟随者。本章对线下渠道、线上直销渠道与社交媒体渠道三种渠道下的定价均衡策略进行研究,为了表现制造商对于两个零售商的公平性,设置一个共同批发价格 w。在线下渠道中,零售商 R 的线下零售价格设为 p_r;在社交媒体渠道中,零售商 S 的零售价格设为 p_s;在线上直销渠道中,不设置中间零售商,制造商通过直销价格 p_m 将产品直接卖给消费者,其中为了体现直销渠道对于消费者的福利,$p_m < p_r$,$p_m < p_s$。为了达到营销效果,零售商 S 需在社交媒体渠道中需要提供一定的广告营销费,社交媒体广告营销费用为 A_s。借鉴 Teyarachaku[1] 的研究,在社交媒体渠道中考虑到社交媒体广告指数级传播带来的影响效果,产品的市场需求函数设为 $D_S = M(1-e^{-\delta A_s})(a-bp_s)$,其中 M 为销售饱和度水平,非负常数 δ 为营销广告投入系数,为函数参数。同时参考经典文献中 Mills[2] 的研究,在线上直销渠道与线下渠道中,需求被定义为价格 p 的递减线性函数,其中线上直销渠道产品的市场需求函数为 $D_O = a - bp_m$,其中 a 为市场最大需求量,b 为市场价格敏感系数。直销渠道具有天然的价格优势,社交媒体渠道具有广告效应,为了减少线下渠道与其他渠道之间的差距,产品的市场需求函数设为 $D_R = M(a-bp_r)/10$。

为了方便均衡解的求解,渠道之间相互独立,需求互不影响。本文的参数与符号设置见表 7-1。

表 7-1 本文参数与符号说明

上标	含义
*	均衡解
C	集中化决策
D	分散化决策

（续表）

上标	含义
NC	非合作广告决策
CA	合作广告决策
下标	含义
S/s	社交媒体渠道
R/r	纯线下渠道
O	线上直销渠道
C	供应链
参数	含义
a	市场最大需求量
b	市场价格敏感系数
M	销售饱和度水平
δ	营销广告投入系数
w	批发价格
p_m	直销价格
p_r	线下零售价格
p_s	社交媒体渠道零售价格
A_r	线下广告投入
A_s	社交媒体广告营销费用
D_S	社交媒体渠道需求
D_R	纯线下渠道需求
D_{RA}	线下广告投入后的线下渠道需求
D_O	线上直销渠道需求
π_m	制造商利润
π_r	线下渠道零售商利润
π_s	社交媒体渠道零售商利润
π_C	供应链利润

基于以上,构建全渠道供应链系统模型如图 7-1 所示。由图 7-1 可见,该系统由单一制造商 M 以及两个零售商 R 和 S 构成,其中包括纯线下渠道 r、线上直销渠道 m 以及社交媒体渠道 s 三种销售渠道。

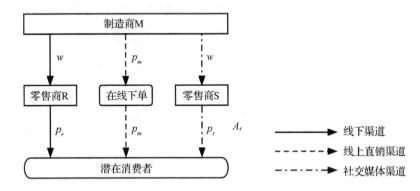

图 7-1 考虑广告的全渠道供应链系统

此时制造商和零售商的决策利润函数分别为:

$$\pi_m = wD_R + p_m D_O + wD_S \tag{7-1}$$

$$\pi_r = (p_r - w)D_R \tag{7-2}$$

$$\pi_s = (p_s - w)D_S - A_s \tag{7-3}$$

7.1.2 分散化决策——D 模型

在分散化决策情形下,供应链中的所有成员都按照自身利润最大化为目标进行决策,整个博弈的过程可分为三个阶段:第一阶段,制造商以自身利润最大化为目标决定直销价格 p_m;第二阶段,零售商 R 和零售商 S 根据制造商设置的直销价格,以自身利润最大化为目标分别确定产品的零售价格;第三阶段,零售商 S 根据制造商设置的直销价格 p_m 以及零售商 R 设置的零

第 7 章 考虑社交广告的供应链均衡分析

售价格 p_r 来决定广告营销费 A_s。

制造商和零售商之间存在 Stackelberg 博弈,因此采用逆向归纳法进行求解,应首先求解第三阶段社交媒体渠道的广告营销费。在该阶段中,首先令 π_s 对 A_s 求一阶偏导数,并令其为零,可得零售商 S 的反应函数:

$$A_s = \frac{\ln\left[M\delta(p_s - w)(a - bp_s)\right]}{\delta} \tag{7-4}$$

其次求解第二阶段零售价格。在该阶段中,令 π_r 对 p_r 求一阶偏导数,并令其为零,可得线下渠道最优零售价格如下("D"表示基础模型下分散化决策模式):

$$p_r^{D*} = \frac{a + bw}{2b} \tag{7-5}$$

将式(7-4)代入式(7-3),令 π_s 对 p_s 求一阶偏导数,并令其为零,求解后可得到有关 p_s 的三个均衡解,分别为:$p_s = \frac{a + bw}{2b}$,

$p_s = \dfrac{aM\delta + bMw\delta - \sqrt{M}\sqrt{\delta}\sqrt{-4b + a^2M\delta - 2abMw\delta + b^2Mw^2\delta}}{2bM\delta}$,

$p_s = \dfrac{aM\delta + bMw\delta + \sqrt{M}\sqrt{\delta}\sqrt{-4b + a^2M\delta - 2abMw\delta + b^2Mw^2\delta}}{2bM\delta}$,其中根据限制条件以及后期计算的便利性,可得线上直销渠道最优零售价格如下:

$$p_s^{D*} = \frac{a + bw}{2b} \tag{7-6}$$

最后求解第一阶段直销价格。在该阶段中,将式(7-4)和式(7-5)代入式(7-1),令 π_m 对 p_m 求一阶偏导数,并令其为零,可得最优直销价格如下:

$$p_m^{D*} = \frac{a}{2b} \tag{7-7}$$

将所得最优解代入利润函数中,可得制造商和零售商的最优利润分别为:

$$\pi_m^{D*} = \frac{1}{20}\left(\frac{5a^2}{b} + 11aMw + bw\left(-11Mw - \frac{40}{a\delta - bw\delta}\right)\right)$$

$$\pi_r^{D*} = \frac{M(a-bw)^2}{40b}$$

$$\pi_s^{D*} = \frac{-4b + M(a-bw)^2\delta - 4b\ln\frac{M(a-bw)^2\delta}{4b}}{4b\delta}$$

整条供应链的利润为:

$$\pi_C^{D*} = \frac{40b(a+bw) - (a-bw)(a^2(10+11M) - 11b^2Mw^2)\delta + 40b(a-bw)\ln\frac{M(a-bw)^2\delta}{4b}}{40b(-a+bw)\delta}$$

对以上所求的均衡结果进行讨论与分析,可得命题 7.1—7.5 如下:

命题 7.1 产品的批发价格对零售商 R 和 S 的定价均有正向影响作用;产品的批发价格对零售商 S 的营销价格定价 A_s 具有负向影响作用,且其影响效果递减。

证明:$\dfrac{\partial A_s^{D*}}{\partial w} = -\dfrac{2b}{(a-bw)\delta} < 0$,$\dfrac{\partial^2 A_s^{D*}}{\partial w^2} = -\dfrac{2b^2}{(a-bw)^2\delta} < 0$;$\dfrac{\partial p_s^{D*}}{\partial w} = \dfrac{1}{2} > 0$;$\dfrac{\partial p_r^{D*}}{\partial w} = \dfrac{1}{2} > 0$。

证毕。

命题 7.1 表明产品的批发价格对零售商 R 和 S 的定价均有正向影响作用,即产品的批发价格 w 越高,零售商 R 和 S 为了保证自身的收益,往往也会增加自己的零售价格 p_r 和 p_s。而制造商在制定直销价格 p_m 时,并不需要考虑批发价格的影响,因此 p_m 的变化与批发价格 w 无关。另外,产品的批发价格对零售商 S 的营销价格定价 A_s 具有负向影响作用,由于批发价格的增加,零售商 S 的成本增加,为了控制总体成本,零售商选择减少营销成本以平衡利润。

命题 7.2 零售商 S 的营销价格与市场最大需求量 a 呈正相关关系,与市场价格敏感系数 b 呈负相关关系。

证明:$\dfrac{\partial A_s^{D*}}{\partial a} = \dfrac{2}{a\delta - bw\delta} \dfrac{1 + \ln 4 - \ln \dfrac{M(a-bw)^2\delta}{b}}{\delta^2} > 0$;$\dfrac{\partial A_s^{D*}}{\partial b} = -\dfrac{a+bw}{ab\delta - b^2 w\delta} < 0$。

证毕。

命题 7.2 表明,随着市场最大需求量 a 的增加,零售商 S 的营销价格也随之增加,当市场容量增大时,零售商 S 也会随之加大广告投入以扩大消费者群体。而当消费者对市场价格较为敏感时,消费者会更加在意销售价格,广告的影响效果并不突出,零售商 S 通过降低价格吸引消费者的效率更显著,所以零售商 S 可随之降低广告投入以减少成本。

命题 7.3 制造商 M 的利润与市场最大需求量 a 和营销广告投入系数 δ 均呈现正相关,与市场价格敏感系数 b 呈负相关。

证明:$\dfrac{\partial \pi_m^{D*}}{\partial a} = \dfrac{a}{2b} + \dfrac{11Mw}{20} + \dfrac{2bw}{(a-bw)^2\delta} > 0$;$\dfrac{\partial \pi_m^{D*}}{\partial b} = -\dfrac{a^2}{4b^2} - \dfrac{11Mw^2}{20} - \dfrac{2aw}{(a-bw)^2\delta} < 0$;$\dfrac{\partial \pi_m^{D*}}{\partial \delta} = \dfrac{2bw}{(a-bw)\delta^2} > 0$。

证毕。

命题 7.4 零售商 R 的利润与市场最大需求量 a 呈现正相关,与成本价格 w 和市场价格敏感系数 b 呈负相关。

证明:$\dfrac{\partial \pi_r^{D*}}{\partial w} = -\dfrac{1}{20}M(a-bw) < 0$;$\dfrac{\partial \pi_r^{D*}}{\partial a} = \dfrac{M(a-bw)}{20b} > 0$;$\dfrac{\partial \pi_r^{D*}}{\partial b} =$

$$\frac{1}{40}M\left(-\frac{a^2}{b^2}+w^2\right)<0。$$

证毕。

命题 7.5 供应链的利润与批发价格 w 呈负相关。

证明：$\dfrac{\partial \pi_C^{D*}}{\partial w}=-\dfrac{11}{20}bMw-\dfrac{2b^2w}{(a-bw)^2\delta}<0$。

证毕。

联合命题 7.3—7.5 表明，当市场容量增大时，消费者群体的增加使得制造商与零售商 R 的利润也随之增加；当批发价格增加时，零售商 R 与供应链的利润随之减少；当消费者对市场价格较为敏感时，较高的市场价格会激起消费者的逆反心理，制造商与零售商 R 利润减少。另外，随着营销广告系数的增加，消费者市场随之扩大，制造商的利润也会增加。

7.1.3 集中化决策——C 模型

在集中化决策情形下，以整个供应链的利润最大化为决策目标建立模型。该模型的博弈过程与 D 模型相同，求解过程与 D 模型类似，也通过逆向归纳法进行求解，求得决策变量的均衡结果分别为（"C"表示基础模型下集中化决策模式）：

$$A_s^{C*}=\frac{\ln\dfrac{Ma^2\delta}{4b}}{\delta}$$

$$p_r^{C*}=\frac{a}{2b}$$

$$p_s^{C*}=\frac{a}{2b}$$

$$p_m^{C*}=\frac{a}{2b}$$

将所得最优解代入利润函数中,可得制造商和零售商的最优利润分别为:

$$\pi_m^{C*} = \frac{a^2}{4b} + \frac{11aMw}{20} - \frac{2bw}{a\delta}$$

$$\pi_r^{C*} = \frac{aM(a-2bw)}{40b}$$

$$\pi_s^{C*} = \frac{(a-2bw)(-4b+a^2M\delta) - 4ab\ln\frac{a^2M\delta}{4b}}{4ab\delta}$$

整条供应链的利润为:

$$\pi_C^{C*} = \frac{a^2(10+11M)}{40b} - \frac{1}{\delta} - \frac{\ln\frac{a^2M\delta}{4b}}{\delta}$$

7.2 均衡结果的比较分析

本小节将对以上求解结果进行讨论与分析。

命题7.6 与分散化决策相比,集中化决策下制造商获得更高的利润,且其利润之差与批发价格 w、市场价格敏感系数 b 均呈正相关,与市场最大需求量 a 和营销广告投入系数 δ 呈现负相关。

证明: $\Delta\pi_m^{CD*} = \pi_m^{C*} - \pi_m^{D*} = \frac{1}{20}bw^2\left(11M + \frac{40b}{a^2\delta - abw\delta}\right) > 0$,

$$\frac{\partial \Delta\pi_m^{CD*}}{\partial w} = \frac{1}{10}bw\left(11M + \frac{20b(2a-bw)}{a(a-bw)^2\delta}\right) > 0; \quad \frac{\partial \Delta\pi_m^{CD*}}{\partial a} = \frac{2b^2w^2(-2a+bw)}{a^2(a-bw)^2\delta} < 0;$$

$$\frac{\partial \Delta\pi_m^{CD*}}{\partial b} = \frac{11Mw^2}{20} + \frac{2bw^2(2a-bw)}{a(a-bw)^2\delta} > 0; \quad \frac{\partial \Delta\pi_m^{CD*}}{\partial \delta} = -\frac{2b^2w^2}{a(a-bw)\delta^2} < 0.$$

证毕。

命题 7.6 表明,集中化决策下制造商会获得更高的利润,并且当批发价格较大、消费者对市场价格敏感时,制造商进行集中化决策会比分散化决策带来的利润更大;当市场容量与广告投入系数较大时,集中化决策下制造商的利润依然比分散化决策下获取的利润更高,但制造商与零售商的利润之差减少,制造商利润增加速度有所减缓。当社交媒体渠道的广告投入系数增加时,会刺激消费者向社交媒体渠道转移,从而影响到制造商的利润。由此可见,当消费者对市场价格较为敏感时,制造商也可以通过对批发价格的控制达到增加利润的目的。一方面,制造商可以通过提升批发价格提高自己在集中化决策下的利润;另一方面,批发价格的增加也会影响到零售商,如果零售商想通过提升市场价格以平衡批发价格增加的成本,会加速对市场价格敏感的消费者向直销渠道转移。

命题 7.7 与分散化决策相比,集中化决策下零售商 R 获得的利润会减少。且其利润之差与批发价格 W、营销广告投入系数 δ 呈现负相关。

证明: $\Delta\pi_r^{CD*} = \pi_r^{C*} - \pi_r^{D*} = -\frac{1}{40}bMw^2 < 0$; $\frac{\partial \Delta\pi_r^{CD*}}{\partial w} = -\frac{1}{20}bMw < 0$;

$\frac{\partial \Delta\pi_r^{CD*}}{\partial b} = -\frac{Mw^2}{40} < 0$。

证毕。

命题 7.7 表明,集中化决策下零售商 R 获得的利润减少,且会随着批发价格与广告投入系数的增大而持续减少。当社交媒体渠道的广告投入系数增加时,会刺激消费者向社交媒体渠道转移,从而影响到零售商 R 在线下渠道的利润。

联合命题 7.6 和命题 7.7 可知,虽然集中化决策下,制造商会获得更高的利润,但是零售商 R 的利润却减少。在供应链中,零售商 R 若为完全理性的决策者,不会配合制造商一起进行集中化决策,那么,对于制造商而言,主要问题在于如何使得零售商配合自己进行集中化决策,本书也将在后续章节中考虑在合作广告、BOPS 渠道以及成本补偿契约的对供应链成员决策的影响作用进行研究与分析。

命题 7.8 集中化决策与分散化决策下的零售商 S 利润之差与市场最大需求量 a 呈现正相关,与批发价格 w、市场价格敏感系数 b 均呈负相关。

证明: 令

$$\Delta \pi_s^{CD*} = \pi_s^{C*} - \pi_s^{D*} = \frac{bw(8 - aMw\delta) - 4a\ln\frac{a^2M\delta}{b} + 4a\ln\frac{M(a-bw)^2\delta}{b}}{4a\delta},$$

$$\frac{\partial \Delta \pi_s^{CD*}}{\partial w} = \frac{1}{2}bw\left(-M - \frac{4b}{a^2\delta - abw\delta}\right) < 0; \quad \frac{\partial \Delta \pi_s^{CD*}}{\partial a} = \frac{2b^2w^2}{a^3\delta - a^2bw\delta} > 0;$$

$$\frac{\partial \Delta \pi_s^{CD*}}{\partial b} = \frac{1}{4}w^2\left(-M - \frac{8b}{a^2\delta - abw\delta}\right) < 0.$$

证毕。

命题 7.9 集中化决策与分散化决策下的供应链利润之差与批发价格 w、市场价格敏感系数 b 均呈正相关,与市场最大需求量 a 呈现负相关。

证明: 令

$$\Delta \pi_c^{CD*} = \pi_c^{C*} - \pi_c^{D*} = \frac{bw\left(\frac{80}{a-bw} + 11Mw\delta\right) - 40\ln\frac{a^2M\delta}{b} + 40\ln\frac{M(a-bw)^2\delta}{b}}{40\delta},$$

$$\frac{\partial \Delta \pi_c^{CD*}}{\partial w} = \frac{11bMw}{20} + \frac{2b^2w}{(a-bw)^2\delta} > 0; \quad \frac{\partial \Delta \pi_c^{CD*}}{\partial a} = -\frac{2b^2w^2}{a(a-bw)^2\delta} < 0;$$

$$\frac{\partial \Delta \pi_c^{CD*}}{\partial b} = \frac{11Mw^2}{40} + \frac{2bw^2}{(a-bw)^2\delta} > 0.$$

证毕。

联合命题 7.8 和 7.9 可知,集中化决策与分散化决策下,零售商 S 利润之差与供应链利润之差的变化趋势恰恰相反;同时联合命题7.6可知,在各参数的影响下,供应链利润之差与制造商利润之差的变化趋势较为一致。这说明相比于零售商S,在同一参数的影响下,制造商较为敏感,其利润的变动幅度更大。

命题7.10 与分散化决策相比,集中化决策下的最优营销广告投入更高。

证明: $\Delta A_s^{CD*} = A_s^{C*} - A_s^{D*} = \dfrac{\ln\dfrac{a^2M\delta}{b} - \ln\dfrac{M(a-bw)^2\delta}{b}}{\delta} = 2\ln\dfrac{a}{a-bw} > 0$。

证毕。

命题7.10说明,在集中化决策下,零售商S需要投入更高的营销广告成本以扩大消费者群体;为了减少成本,零售商S会更偏向于分散化决策。

通过集中化决策下以及分散化决策下的博弈均衡分析,可以看出制造商可以通过控制批发价格达到对于整个供应链以及市场的控制。当市场需求量较大时,制造商可适当增加批发价格以增加利润;当消费者对市场价格较为敏感时,制造商可通过降低直销价格以增大市场需求。另外,批发价格也会对两个零售商的利润产生影响,当制造商提高批发价格时,零售商为了保证自身的利益,也会自己上调市场价格,同时零售商S减少营销广告投入以控制成本。在集中化决策下,制造商往往能获得比分散化决策更多的利润,但零售商R的利润相比分散化决策会减少,零售商S也要付出更大的营销广告投入,两个零售商都更加倾向于分散化决策。因此,本书也将在后续章节中对合作广告、BOPS渠道以及成本补偿契约等因素进行研究,分析在其他因素的影响效果下是否能够改变供应链成员的决策,促进零售商进行集中化决策,为自己和供应链整体创造更大的价值。

7.3 数值仿真

在本节中通过数值算例:(1)计算并分析分散化决策下的批发价格的变化;(2)考察不同参数对不同模型下的利润值的影响。根据上述模型的参数约束条件以及其他的文献研究,设定模型的参数为 $a=1, b=0.1, M=10\,000, \delta=0.001, w=4$。

7.3.1 分散化决策下批发价格求解分析

在进行模型分析时,由于考虑到社交媒体广告指数级传播的特性,对 w 进行均衡解求解时过于复杂,本节将通过数值分析对分散化决策下的批发价格进行相关研究,并将结果整理成表 7-2。

表 7-2 分散化决策下批发价格的数值分析

			w^{D*}		
			$\delta=0.1$	$\delta=0.01$	$\delta=0.001$
$a=0.1$	$b=0.1$	$M=1\,000$	0.209 2	—	—
		$M=10\,000$	0.441 7	0.209 2	—
	$b=0.3$	$M=10\,000$	0.121 6	—	—
	$b=0.5$	$M=10\,000$	0.061 9	—	—
	$b=0.7$	$M=10\,000$	0.037 8	—	—
$a=0.5$	$b=0.1$	$M=100$	1.676 8	—	—
		$M=1\,000$	2.368 7	1.676 8	—
		$M=10\,000$	2.485 6	2.368 7	1.676 8
	$b=0.3$	$M=10\,000$	0.819 3	0.720 5	0.295 8
	$b=0.5$	$M=10\,000$	0.486 2	0.399 2	0.075
	$b=0.7$	$M=10\,000$	0.343 6	0.265 2	—

(续表)

			w^{D*}		
			$\delta=0.1$	$\delta=0.01$	$\delta=0.001$
$a=1$	$b=0.1$	$M=10\,000$	4.992 8	4.929 3	4.416 7
	$b=0.3$	$M=10\,000$	1.659 5	1.599 5	1.216
	$b=0.5$	$M=10\,000$	0.992 8	0.935 8	0.618 8
	$b=0.7$	$M=10\,000$	0.707 2	0.652 7	0.378 1

观察表 7-2 可知,随着市场最大需求量 a 的增加,营销广告投入系数 δ 的增加,w 的值也越来越大。随着市场价格敏感系数 b 的增加,w 的值越来越小。说明当市场需求量较大时,制造商可适当增加批发价格以增加利润,但是当消费者对市场价格较为敏感时,制造商可以通过降低批发价格从而影响市场价格进而增大市场需求。另外,随着营销广告投入系数的增加,批发价格也随之增加,说明当社交媒体营销广告投入系数较大时,消费者向社交媒体渠道转移。制造商为了保证自身的利润,可以通过增加批发价格增加自己的利润。

7.3.2 灵敏度分析

分析分散化情形下,批发价格、市场最大需求量、市场价格敏感系数以及营销广告投入系数对供应链成员利润的影响。每分析一个参数,其他参数保持不变,可得图 7-2 至图 7-5 如下。

分散化情形下,批发价格对供应链成员利润的影响见图 7-2。从图 7-2 中可以看到,在分散化决策下,随着 w 的增加,零售商 R 与 s 以及整个供应链的利润都会降低,而制造商的利润曲线呈凸形。经过计算可得,在 $w=4.416\,7$ 时制造商利润达到最高值,说明虽然前期制造商利润会随着批发价格的增加而增加,但是当批发价格设置过高时,制造商不但不能获得更高的利润,反而所获利润会降低。

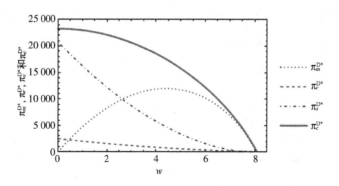

图 7-2 D 模型下 w 对供应链成员利润的影响

分散化情形下,市场最大需求量对供应链成员利润的影响见图 7-3。通过观察图 7-3 发现,参数 a 对于制造商和供应链的影响变化趋于一致,当 $a \in (0, 0.2071)$,$a \in (0, 0.2093)$ 时,供应链和制造商的利润都低于零;当 $a \in (0.2071, 0.5885)$,$a \in (0.2093, 0.5907)$ 时,供应链和制造商的利润迅速增加;当 $a \in (0.5885, 1)$,$a \in (0.5907, 1)$ 时,供应链和制造商从零开始再次迅速增加。零售商 R 在 $a=0.4$ 时,利润值为零且其导数为零。零售商 S 在 $a=0.2$,$a=0.6$ 两点时,利润值为零并且其导数为零。

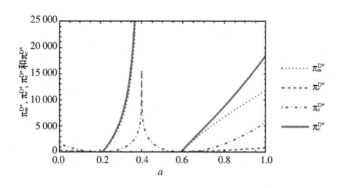

图 7-3 D 模型下 a 对供应链成员利润的影响

分散化情形下,市场价格敏感系数对供应链成员利润的影响见图 7-4。观察图 7-4 发现,当 $b \in (0, 0.3376)$ 时,制造商利润迅速降低;当 $b = 0.25$

时,零售商 R 的利润值为零且其导数为零;当 $b=0.1825$,$b=0.3425$ 时,零售商 S 利润值为 0 且其导数为零;当 $b\in(0,0.1856)$,$b\in(0.1856,0.3382)$ 时,供应链两次迅速降低。

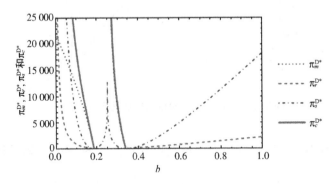

图 7-4 D 模型下 b 对供应链成员利润的影响

分散化情形下,社交媒体营销广告投入系数对供应链成员利润的影响见图 7-5。观察图 7-5 发现,社交媒体营销广告投入系数对零售商 R 的利润值不造成任何影响,制造商和零售商 S 以及供应商的利润值随着 δ 的增加而增大,但是 δ 对利润值的影响效果变化不大。

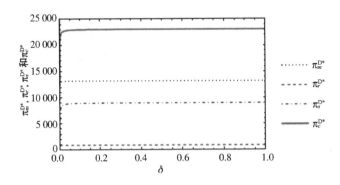

图 7-5 D 模型下 δ 对供应链成员利润的影响

综上发现,供应链利润值的变化趋势和制造商利润值的变化趋势较为相似,说明对于各参数对利润值的影响,相对于零售商 R 和零售商 S 的变化,制造商的变化更加显著,更能影响到供应链的利润值。

在 7.2 节中,分别对制造商、零售商以及供应链利润进行了对比分析,但关于社交媒体营销广告投入系数对零售商和供应链的影响需要通过算例进行进一步的分析。通过 7.2 节均衡结果的比较分析发现 $\Delta\pi_m^{CD*} > 0$,$\Delta\pi_r^{CD*} < 0$。下文将通过图 7-6 分析社交媒体营销广告投入系数对于 $\Delta\pi_s^{CD*} =$

$$\pi_s^{C*} - \pi_s^{D*} = \frac{bw(8-aMw\delta) - 4a\ln\dfrac{a^2M\delta}{b} + 4a\ln\dfrac{M(a-bw)^2\delta}{b}}{4a\delta}$$ 与 $\Delta\pi_c^{CD*} =$

$$\pi_c^{C*} - \pi_c^{D*} = \frac{bw\left(\dfrac{80}{a-bw}+11Mw\delta\right) - 40\ln\dfrac{a^2M\delta}{b} + 40\ln\dfrac{M(a-bw)^2\delta}{b}}{40\delta}$$ 的影响。

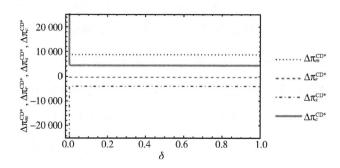

图 7-6 δ 对集中化与分散化利润值之差的影响

观察图 7-6 可知,随着营销广告投入系数的增长,集中化决策与分散化决策下的制造商和供应链的利润之差随之减少,但整体都大于零,说明集中化决策下的制造商和供应链均高于分散化决策下利润。另外,零售商 R 的利润之差始终小于 0,也再次证实了命题 7.7,集中化决策下零售商 R 获得的利润减少。同时零售商 S 利润之差随着营销广告投入系数的增长而增加,但整体小于零,说明集中化决策下的零售商 S 低于分散化决策下利润。结合 7.2 节中对于两种决策下均衡结果的比较分析进一步发现,相比于集中化决策,两个零售商更倾向于分散化决策,并不愿意配合制造商进行集中化决策。而制造商则需要思考怎样能够促进零售商进行集中化决策,为自己和供应链整体获得更大的价值,而本文也将在第八章研究合作广告、BOPS渠道与成本补偿契约对集中化决策是否存在促进作用。

7.4 本章小结

本章构建了一个包含线下渠道、线上直销渠道与社交媒体渠道的全渠道供应链模型,在该模型中由一个制造商向两个零售商提供同一产品,同时在基础模型的构建过程中充分考虑了需求函数中社交媒体广告指数级传播带来的影响效果,并设置了分散化决策以及集中化决策两个不同的场景,分别对两个场景下模型的最优均衡解进行了各自分析与交叉分析,最终又通过数值仿真对分散化决策下的批发价格以及各参数对供应链各成员利润值的影响进行了研究。研究发现,相比于分散化决策,制造商在集中化决策下能够获得更高的利润,但零售商R的利润会减少,零售商S也要付出更大的营销广告投入。因此制造商要思考怎样促使零售商配合自己进行集中化决策,为自己和供应链整体获得更高的利润。

参考文献

[1] TEYARACHAKU S P. An optimal model at the interface of operations with social media marketing[J]. Operations and supply chain Management: an international journal, 2018, 11(4): 226-236.

[2] MILLS E S. Uncertainty and price theory[J]. The quarterly journal of economics, 1959, 73(1): 116-130.

第 8 章

合作广告形式下的决策对比分析

第 8 章 合作广告形式下的决策对比分析

在多渠道供应链中,如何缓解渠道冲突是一个重要研究内容。通过文献研究也发现,合作广告能够有效缓解渠道冲突促进供应链协调,即零售商选择投放广告以增加市场需求、刺激消费者的购买欲,选择进行合作广告策略的制造商可以通过分担零售商的广告成本激励零售商的广告投放行为,进而扩大市场需求、缓解渠道冲突。

基于上述背景,本章考虑在模型中纳入合作广告因素,一方面可以通过合作广告缓解全渠道的供应链冲突,另一方面试图通过合作广告促进两个零售商进行集中化决策。因此,本章在第七章的基础上加入了合作广告,对合作广告进行刻画与分析。考虑到线下渠道零售商 R 进行广告宣传,在需求 D_R 中加入广告效应的影响,令 $D_{RA}=D_R+\beta A_r^\lambda$,其中 A_r 为零售商 R 的广告投入量,β 为广告效应因子,β 越大零售商 R 广告投资对商品需求量的影响就越大,其中参考 Aust 等人[1]的研究,令 $\lambda=1/2$,由于 $\dfrac{\partial^2 D}{\partial^2 A_r}<0$,可知广告对需求的刺激作用边际递减。通过需求函数对合作广告的刻画,对合作广告对供应链成员的影响进行分析,并探讨了合作广告对集中化决策是否存在促进作用。

8.1 模型描述

8.1.1 非合作广告模型——NC 模型

为了减少线上直销渠道以及社交媒体渠道对线下渠道的冲击,零售商 R 可选择投放广告以增加纯线下渠道的市场需求,此时制造商可选择是否分担零售商 R 的广告投入。在非广告合作模型下，制造商选择不分担零售商 R 的广告投入。根据以上求得均衡解可知 $p_s^* = p_r^*$，为了便于后面的分析，令零售商 S 以零售价 p_r 为市场零售价格。

在非广告合作决策情形下，供应链中的所有成员都按照自身利润最大化为目标进行决策，整个博弈的过程可分为四个阶段：第一阶段，制造商以自身利润最大化为目标决定直销价格 p_m；第二阶段，零售商 R 和零售商 S 根据直销价格 p_m，以自身利润最大化为目标分别确定产品的零售价格；第三阶段，零售商 S 根据直销价格 p_m 以及零售价格 p_r 来决定广告营销费 A_s；第四阶段，零售商 R 根据直销价格 p_m、零售价格 p_r 和 p_s 来决定广告投入量 A_r。此时制造商和零售商的决策利润函数分别为：

$$\pi_m = wD_{RA} + p_m D_O + wD_S$$

$$\pi_r = (p_r - w)D_{RA} - A_r$$

$$\pi_s = (p_r - w)D_S - A_s$$

与分散决策下的求解过程类似，可使用同样的逆向归纳法求得决策变量的均衡结果如下（"NC"表示非合作广告模式）：

$$A_r^{NC*} = \frac{M^2(a-bw)^2\beta^2}{4(2bM-5\beta^2)^2}$$

$$A_s^{NC*} = \frac{\ln\dfrac{M^2(a-bw)^2(bM-5\beta^2)\delta}{(2bM-5\beta^2)^2}}{\delta}$$

$$p_r^{NC*} = \frac{aM + bMw - 5w\beta^2}{2bM - 5\beta^2}$$

$$p_m^{NC*} = \frac{a}{2b}$$

将所得最优解代入利润函数中，可得制造商和零售商的最优利润分别为：

$$\pi_m^{NC*} = \frac{a^2}{4b} + aMw - bMw^2 + \frac{9bM^2w(-a+bw)}{20bM-50\beta^2} - \frac{2bMw - 5w\beta^2}{aM\delta - bMw\delta}$$

$$\pi_r^{NC*} = \frac{M^2(a-bw)^2}{20(2bM-5\beta^2)}$$

$$\pi_s^{NC*} = \frac{M^2(a-bw)^2(bM-5\beta^2)}{(2bM-5\beta^2)^2} - \frac{1}{\delta} - \frac{\ln\frac{M^2(a-bw)^2(bM-5\beta^2)\delta}{(2bM-5\beta^2)^2}}{\delta}$$

整条供应链的利润为：

$$\pi_C^{NC*} = \frac{1}{20}\Big(\frac{5a^2}{b} - \frac{5M^2(a-bw)^2\beta^2}{(2bM-5\beta^2)^2} + \frac{10M(a-bw)\beta^2(aM+bMw-5w\beta^2)}{(2bM-5\beta^2)^2}$$

$$+ \frac{2(aM+bMw-5w\beta^2)\Big(-10+\frac{11M^2(a-bw)^2(bM-5\beta^2)\delta}{(2bM-5\beta^2)^2}\Big)}{M(a-bw)\delta}$$

$$- \frac{20\ln\frac{M^2(a-bw)^2(bM-5\beta^2)\delta}{(2bM-5\beta^2)^2}}{\delta}\Big)$$

对以上所求的均衡结果进行讨论与分析，可得命题 8.1—8.2 如下。

命题 8.1 在全渠道非合作广告模型下，零售商 R 的广告费用以及市场价格与广告效应因子呈现正相关，零售商 S 的营销费用与广告效应因子呈现负相关。

证明：$\dfrac{\partial A_r^{NC*}}{\partial \beta} = \dfrac{M^2(a-bw)^2(2bM\beta+5\beta^3)}{2(2bM-5\beta^2)^3}$，由于 M 的值远远大于其他参数，可得 $\dfrac{\partial A_r^{NC*}}{\partial \beta} > 0$；$\dfrac{\partial A_s^{NC*}}{\partial \beta} = -\dfrac{50\beta^3}{2b^2M^2\delta - 15bM\beta^2\delta + 25\beta^4\delta} = -\dfrac{50\beta^3}{(bM-5\beta^2)(2bM-5\beta^2)\delta} < 0$；$\dfrac{\partial p_r^{NC*}}{\partial \beta} = \dfrac{10M(a-bw)\beta}{(2bM-5\beta^2)^2} > 0$。

证毕。

命题 8.1 表明，随着广告效应的增大，线下渠道获得了更多的消费者群体，为了继续扩大广告影响，零售商 R 继续加大广告投入，同时为了获取更高的利润与抵消广告成本,零售商 R 可增加市场价格。通过分析发现,零售商 R 在线下投放广告,一定程度上也会影响到社交媒体渠道上零售商 S 的营销费用,随着线下渠道广告效应的增加,线下渠道吸引了更多的消费者群体,此时社交媒体渠道的消费者也发生了转移,为了避免两个零售商通过加大各自渠道的广告投入从而造成恶意竞争,零售商 S 可直接通过减少营销费用投入以减少成本以平衡消费者群体减少而造成的利润减少。

命题 8.2 在全渠道非合作广告模型下,零售商 R 的利润与广告效应因子呈现正相关。

证明:$\dfrac{\partial \pi_r^{NC*}}{\partial \beta} = \dfrac{M^2(a-bw)^2 \beta}{2(2bM-5\beta^2)^2} > 0$。

证毕。

命题 8.2 表明随着广告效应的增大,零售商 R 的利润也会增加。同时,由联合命题 8.1 可知,随着广告效应的增大,零售商 R 的广告费用也会增加,但广告效应的增加为线下渠道带来了更多的消费者群体,而增加的消费者群体产生的利润要大于广告费用增加的成本。因此对于零售商 R 来说,广告效应越大越好。

8.1.2 合作广告模型——CA 模型

在 Jorgensen 等人[2]的研究基础上,通过广告合作的渠道协调作用,可在一定程度上缓解渠道冲突。在广告合作模型下,制造商选择分担零售商 R 的广告投入,并设置广告分担率 t,其中 $0 < t < 1$。

在合作广告决策情形下,供应链中的所有成员都按照自身利润最大化为目标进行决策,整个博弈的过程可分为五个阶段:第一阶段,制造商以自身利润最大化为目标决定直销价格 p_m；第二阶段，零售商 R 和零售商 S 以自身利润最大化为目标分别确定产品的零售价格；第三阶段，制造商决定广告分担率 t；第四阶段，零售商 S 决定广告营销费 A_s；第五阶段，零售商 R 决定广告投入量 A_r。此时制造商和零售商的决策利润函数分别为：

$$\pi_m = wD_{RA} + p_m D_O + wD_S - tA_r$$

$$\pi_r = (p_r - w)D_{RA} - (1-t)A_r$$

$$\pi_s = (p_r - w)D_S - A_s$$

与分散决策下的求解过程类似，可使用同样的逆向归纳法求得决策变量的均衡结果如下（"CA"表示合作广告模式）：

$$A_r^{CA*} = \frac{1}{16}\beta^2\left(w + \frac{2M(a+bw)}{4bM - 5\beta^2}\right)^2$$

$$A_s^{CA*} = \frac{\ln\dfrac{M[2bM(a-bw) - 5a\beta^2](2aM - 2bMw + 5w\beta^2)\delta}{(4bM - 5\beta^2)^2}}{\delta}$$

$$t^{CA*} = 3 - \frac{8M(a+bw)}{2aM + 6bMw - 5w\beta^2}$$

$$p_r^{CA*} = \frac{2(aM + bMw)}{4bM - 5\beta^2}$$

$$p_m^{CA*} = \frac{a}{2b}$$

将所得最优解代入利润函数中，可得制造商和零售商的最优利润分别为：

$$\pi_m^{CA*} = \frac{1}{80}\Bigg(\frac{4aMw(176b^2M^2 - 630bM\beta^2 + 525\beta^4)}{(4bM - 5\beta^2)^2}$$

$$+ 20a^2\left(\frac{1}{b} + \frac{M^2\beta^2}{(4bM - 5\beta^2)^2}\right)$$

$$+ w\Bigg(\frac{w(-704b^3M^3 + 1\,060b^2M^2\beta^2 - 300bM\beta^4 + 125\beta^6)}{(4bM - 5\beta^2)^2}$$

$$+\frac{80(-4bM+5\beta^2)}{(2aM-2bMw+5w\beta^2)\delta})$$

$$\pi_r^{CA*}=\frac{(2aM-2bMw+5w\beta^2)^2}{40(4bM-5\beta^2)}$$

$$\pi_s^{CA*}=\frac{M(2bM(a-bw)-5a\beta^2)(2aM-2bMw+5w\beta^2)}{(4bM-5\beta^2)^2}-\frac{1}{\delta}$$

$$-\frac{\ln\frac{M(2bM(a-bw)-5a\beta^2)(2aM-2bMw+5w\beta^2)\delta}{(4bM-5\beta^2)^2}}{\delta}$$

整条供应链的利润为：

$$\pi_C^{CA*}=\frac{a^2}{4b}+\frac{M(a+bw)\beta^2(2aM+6bMw-5w\beta^2)}{2(4bM-5\beta^2)^2}-\frac{1}{16}\beta^2\left(w+\frac{2M(a+bw)}{4bM-5\beta^2}\right)^2$$

$$+\frac{1}{5}M(a+bw)\left(\frac{11M(2bM(a-bw)-5a\beta^2)}{(4bM-5\beta^2)^2}-\frac{10}{2aM\delta-2bMw\delta+5w\beta^2\delta}\right)$$

$$-\frac{\ln\frac{M(2bM(a-bw)-5a\beta^2)(2aM-2bMw+5w\beta^2)\delta}{(4bM-5\beta^2)^2}}{\delta}$$

8.2 均衡结果的对比分析

本小节对 8.1 节中的求解结果进行讨论与分析，可得命题 8.3—8.5 如下。

命题 8.3 全渠道合作广告模型下，广告分担率与广告效应 β 以及市场最大需求量 a 呈现负相关，与市场价格敏感系数 b 以及批发价格 w 呈现正相关。

证明：$\dfrac{\partial t^{CA*}}{\partial \beta}=-\dfrac{80Mw(a+bw)\beta}{(2aM+6bMw-5w\beta^2)^2}<0$；

$$\frac{\partial t^{CA*}}{\partial w} = \frac{8aM(4bM - 5\beta^2)}{(2aM + 6bMw - 5w\beta^2)^2} > 0;$$

$$\frac{\partial t^{CA*}}{\partial a} = \frac{8Mw(-4bM + 5\beta^2)}{(2aM + 6bMw - 5w\beta^2)^2} < 0;$$

$$\frac{\partial t^{CA*}}{\partial b} = \frac{8Mw(4aM + 5w\beta^2)}{(2aM + 6bMw - 5w\beta^2)^2} > 0 \text{。}$$

证毕。

命题 8.3 表明随着广告效应因子的增加，广告分担率降低。结合命题 8.1 与 8.2 可知，当广告效应因子增大时，零售商 R 的广告费用与利润都会增加，而零售商 R 利润增加说明零售商 R 能够承担更多的合作广告成本。因此制造商在广告效应因子增加时会降低广告分担率，使得零售商 R 承担更多的合作广告成本。同时结合命题 8.4 可知，零售商 R 的利润与市场最大需求量 a 呈现正相关，与市场价格敏感系数 b 以及批发价格 w 呈现正相关，其变化趋势与广告分担率 t 的变化趋势恰恰相反。由此可见，当零售商 R 获得更高的利润时，其可独自承担更多的广告投入；当零售商 R 的利润有所降低时，制造商可以承担更多的广告成本，以缓解和零售商 R 之间的渠道冲突。

命题 8.4 全渠道合作广告模型下，零售商 R 的合作广告费用以及市场价格与广告效应因子呈现正相关，零售商 S 的广告营销费用与广告效应因子呈现负相关

证明： $\frac{\partial A_r^{CA*}}{\partial \beta} = -\frac{\beta(-2M(a+3bw)+5w\beta^2)(8bM^2(a+3bw)+10M(a-3bw)\beta^2+25w\beta^4)}{8(4bM-5\beta^2)^3}$，
由于 M 的值远远大于其他参数，$8(4bM-5\beta^2)^3 > 0$，$-2M(a+3bw)+5w\beta^2 < 0$，$8bM^2(a+3bw)+10M(a-3bw)\beta^2+25w\beta^4 = 8abM^2 + 10aM\beta^2 + bMw(24bM-30\beta^2) + 25w\beta^4 > 0$，综上，$\frac{\partial A_r^{CA*}}{\partial \beta} > 0$；$\frac{\partial A_s^{CA*}}{\partial \beta} =$

$$-\frac{100M(a+bw)^2\beta^3}{(4bM-5\beta^2)(2bM(-a+bw)+5a\beta^2)(-2aM+2bMw-5w\beta^2)\delta},由于$$

$100M(a+bw)^2\beta^3 > 0$，$(4bM-5\beta^2) > 0$，$2bM(-a+bw)+5a\beta^2 < 0$，

$-2aM+2bMw-5w\beta^2 = -2M(a-bw)-5w\beta^2 < 0$，因此 $\dfrac{\partial A_s^{CA*}}{\partial \beta} < 0$；

$\dfrac{\partial p_r^{CA*}}{\partial \beta} = \dfrac{20M(a+bw)\beta}{(4bM-5\beta^2)^2} > 0$。

证毕。

结合命题 8.4 与命题 8.1 发现，在全渠道合作广告模型和合作广告模型下，零售商 R 的合作广告费用和市场价格都随着广告效应因子的增大而增加，零售商 S 的广告营销费用都随着广告效应因子的增大而减少。这说明在全渠道模型下，无论合作广告与否，都不会改变广告效应因子对于零售商 R 和 S 的影响效果。

命题 8.5 在全渠道合作广告模型下，零售商 R 的利润与广告效应因子呈现正相关。

证明：$\dfrac{\partial \pi_r^{CA*}}{\partial \beta} = -\dfrac{\beta(2aM-2bMw+5w\beta^2)(-2M(a+3bw)+5w\beta^2)}{4(4bM-5\beta^2)^2}$，

其中 $2aM-2bMw+5w\beta^2 = 2M(a-bw)+5w\beta^2 > 0$，$-2M(a+3bw)+5w\beta^2 < 0$，所以 $\dfrac{\partial \pi_r^{CA*}}{\partial \beta} > 0$。

证毕。

联合命题 8.5 与命题 8.2 可知，零售商 R 的利润随广告效应因子的增大而增加的变化趋势不会因为是否进行合作广告而发生改变。

对于合作广告的均衡分析，可以看出线下渠道合作广告的投放在一定程度上也会影响到社交媒体渠道，当线下渠道的广告效应增加时，社交媒体渠道为了减少成本投入，会减少自己的渠道的营销费用。同时，随着广告效应

的扩大,线下渠道零售商加大广告投入以继续扩大广告效应,同时通过增加市场价格缓解广告成本。本节针对合作广告的均衡分析主要集中在线下广告投入与社交渠道营销费用上,本书将在第 8.3 节通过算例对合作广告进行更加具体和深入的探讨。

8.3 数值仿真(1)

在本节中通过数值算例:(1)计算并对比分析分散化决策、集中化决策、非合作广告决策、合作广告决策 4 种不同模型下的均衡解;(2)考察不同参数对不同模型下的利润值的影响;(3)探讨广告合作的范围,分析制造商以怎样的比例分担零售商 R 的广告成本较为有利。根据上述模型的参数约束条件以及其他的文献研究,设定模型的参数为 $a=1, b=0.1, M=10\,000, \delta=0.001, w=4, \beta=0.5$。

8.3.1 均衡解对比分析

分别对分散化决策、集中化决策、非合作广告决策、合作广告决策 4 种不同模型下的均衡解进行求解,结果见表 8-1。

表 8-1 不同模型下均衡解的对比分析

	D 模型	C 模型	NC 模型	CA 模型	对比模型
w	4.416 7	—	4.416 8	4.415 3	5
A_r	—	—	0.563 2	1.891 4	—
A_s	2 197.224 6	3 218.875 8	2 197.224 2	2 197.224 0	—

(续表)

	D 模型	C 模型	NC 模型	CA 模型	对比模型
p_s	7	5	—	—	—
p_r	7	5	7.001 9	7.002 2	7.5
p_m	5	5	5	5	5
t	—	—	—	0.454 3	—
π_m	11 869.166 7	21 202.5	11 863.245 8	11 862.401 9	1 252.5
π_r	900	500	900.562 9	901.031 7	625
π_s	5 802.775 4	1 581.124 2	5 802.772 3	5 802.771 2	—
π_C	18 571.942 1	23 283.624 2	18 566.580 9	18 566.204 7	1 877.5

由表 8-1 可知，集中决策下的社交媒体广告营销水平高于其他决策模型。从供应链的角度来看，集中决策下的供应链利润有显著提升；从零售商的角度，集中决策下零售商 S 需要付出更多的社交媒体广告营销代价，零售商 R 的利润不升反降。因此，零售商对集中化决策的热情不高，从制造商的角度来看，集中化决策下所获利润有着非常显著的提高。因此相比于两个零售商偏向于进行分散化决策，制造商更倾向于进行集中化决策。

对比 NC 模型与 CA 模型，广告合作带来的变化并不明显。为了对比有无社交媒体渠道的情况下零售商 R 不同的利润情况，本节在对比模型中将 D 模型中的社交媒体渠道整体删除作为对比模型，即在对比模型中仅考虑线下渠道与线上直销渠道。从表 8-1 中可以看到，对比 D 模型与对比模型，加入社交媒体渠道的全渠道模式下零售商 R 的利润有所增加，说明社交媒体渠道下的广告营销对线下渠道也有一定程度的促进作用，但这种情况也在一定程度上抑制了全渠道情况下线下合作广告的效果。此外，对比 D 模型与对比模型也可以清楚看出，在供应链中加入社交媒体渠道能够大大增加制造商以及供应链的利润，零售商的利润也有所增加。因此，供应链中社交媒体渠道的引入是非常有意义的。

8.3.2 灵敏度分析

在不进行合作广告时,零售商 R 要独自承担所有的线下广告投入,进行合作广告时,制造商分担一部分零售商 R 的广告投入。为了更好地对比合作广告与否的影响,通过图 8-1 分析了非合作广告和合作广告决策下,广告效应因子 β 对制造商、零售商以及供应链利润的影响。

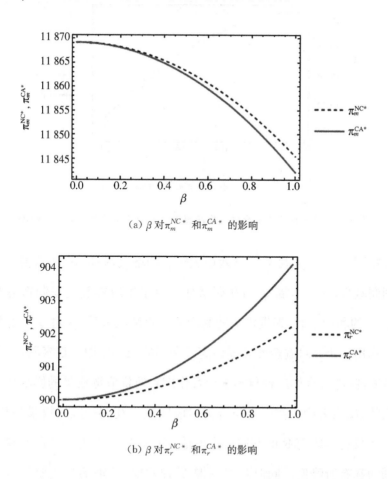

(a) β 对 π_m^{NC*} 和 π_m^{CA*} 的影响

(b) β 对 π_r^{NC*} 和 π_r^{CA*} 的影响

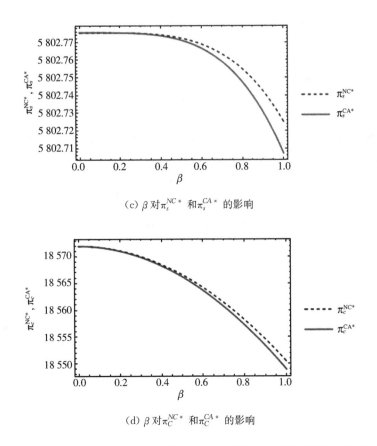

(c) β 对 π_s^{NC*} 和 π_s^{CA*} 的影响

(d) β 对 π_C^{NC*} 和 π_C^{CA*} 的影响

图 8-1 非合作广告与合作广告决策下 β 对供应链成员利润值的影响

观察图 8-1 发现，随着广告效应因子 β 的增大，制造商、零售商 S 以及供应链利润减少，而零售商 R 的利润增加。由于供应链利润是制造商与零售商 R 和 S 的利润之和，根据供应链利润的变化情况来看，β 对零售商 R 利润的增加作用小于 β 对制造商和零售商 S 利润的减少作用。观察图 8-1(a)(b)(c)(d)发现，进行合作广告与不进行合作广告对供应链成员的影响变化趋势是一致的，说明无论合作广告与否对供应链成员利润造成的效果是相同的，都是仅仅只有零售商 R 的利润发生增值，而制造商、零售商 S 以及整条供应链的利润都有所降低。同时观察图像 Y 轴发现，Y 轴的数值变化范围十分小,在全渠道非合作广告模型中,广告效应因子虽然对供应链成员利润能够造成一定的影响,但影响效果并不大。结合 8.3.1 均衡解对比分析中 D 模型与对比模型的对比结果,我们认为造成这一现象的原因是社交媒体渠道中社交媒体广告的影响,使得合作广告在包含有社交媒体渠道的全渠道供应链中的效果大打折扣。

为了缓解渠道冲突,制造商可选择承担部分零售商 R 的广告投入,令 $\pi_m^{CANC*} = \pi_m^{CA*} - \pi_m^{NC*}$,$\pi_r^{CANC*} = \pi_r^{CA*} - \pi_r^{NC*}$,$\pi_s^{CANC*} = \pi_s^{CA*} - \pi_s^{NC*}$,$\pi_C^{CANC*} = \pi_C^{CA*} - \pi_C^{NC*}$。通过图 8-2 与图 8-3 分析各参数对 π_m^{CANC*}、π_r^{CANC*}、$\Delta\pi_s^{CANC*}$ 和 π_C^{CANC*} 的影响。

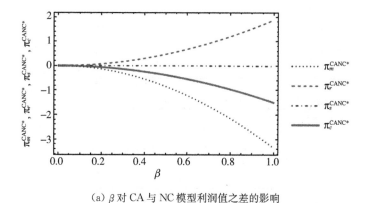

(a) β 对 CA 与 NC 模型利润值之差的影响

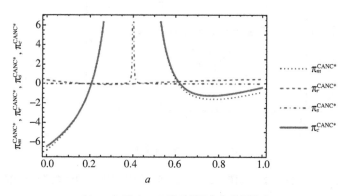

(b) a 对 CA 与 NC 模型利润值之差的影响

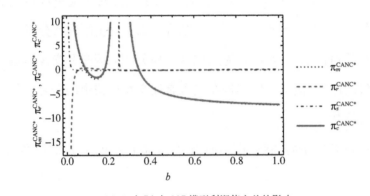

(c) b 对 CA 与 NC 模型利润值之差的影响

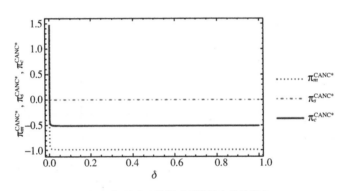

(d) δ 对 CA 与 NC 模型利润值之差的影响

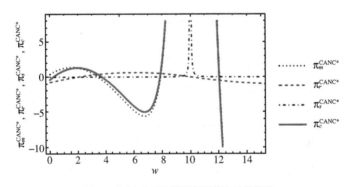

(e) w 对 CA 与 NC 模型利润值之差的影响

图 8-2　各参数对合作广告与非合作广告情形下利润值之差的影响

观察图 8-2(a)发现,当 β 值较小时,供应链成员利润受到的影响效果也比较小;随着 β 的增大,零售商 R 在合作广告策略下获得的利润也增大,而制造商、零售商 S 以及供应链在合作广告策略下的利润低于非合作广告策略下的利润,且利润之差随着 β 的增大而增大。但从整体来看,β 对供应链成员利润造成的影响还是十分有限的。在图 8-2(d)中,由于零售商 R 的利润与 δ 无关,所以仅分析 δ 对制造商、零售商 S 和供应链的影响,可以发现随着 δ 的增大,制造商、零售商 S 和供应链的利润都发生下降,但下降幅度非常小。同时对比 a、b、δ 参数对于利润值的影响,观察图 8-2(b)(c)(d)纵轴的刻度线,可以发现不同参数在是否进行合作广告方面对供应链成员利润造成的影响都较少。结合表 8-1 对全渠道模型和对比模型的分析可知,由于社交媒体渠道下的社交媒体广告的作用,削弱了合作广告的效果,从而造成了合作广告因素在全渠道供应链中如此微弱的影响。

为了更好地分析批发价格对合作广告与非合作广告情形下利润值之差的影响,将图 8-2(e)中批发价格对制造商、零售商以及供应链利润的影响分开画图得到图 8-3。对图 8-3(a)中 w 对制造商利润的影响进行数值分析发现,当 $w \in (0, 3.46) \bigcup (7.89, 10) \bigcup (10, 12.04)$ 时,制造商合作广告情形下的利润大于非合作广告情形下的利润。通过对图 8-3(b)的数值分析发现,当 $w \in (2, 10) \bigcup (23.29, +\infty)$ 时,零售商 R 合作广告情形下的利润大于非合作广告情形下的利润。同样地,对图 8-3(c)(d)进行分析后发现,当 $w \in (2, 3.3) \bigcup (8, 10)$ 时,供应链中的每个成员包括供应链成员本身在合作广告情形下的利润都要大于非合作广告情形下的利润。此次数值分析可以对制造商在进行合作广告时如何设定批发价格提供一定的帮助。

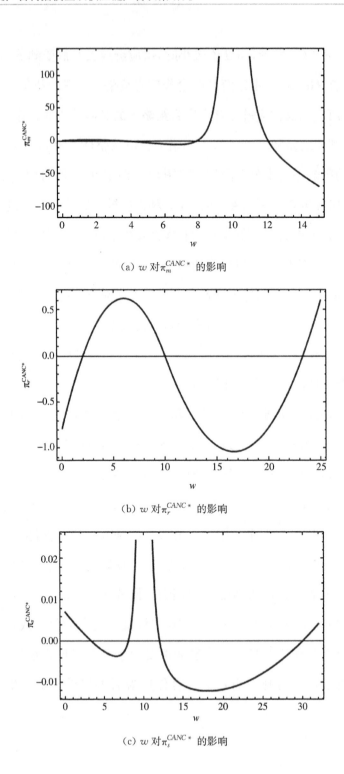

(a) w 对 π_m^{CANC*} 的影响

(b) w 对 π_r^{CANC*} 的影响

(c) w 对 π_s^{CANC*} 的影响

第 8 章 合作广告形式下的决策对比分析

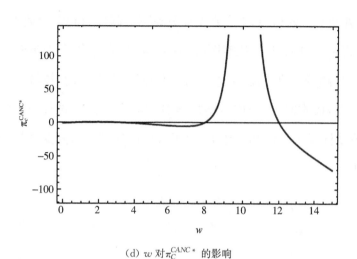

(d) w 对 π_C^{CANC*} 的影响

图 8-3　w 对合作广告与非合作广告情形下利润值之差的影响

8.3.3　合作广告范围分析

为了更好地分析制造商对零售商 R 承担合作广告费用的范围，将 CA 模型中求得的均衡解 A_r^{CA*}、A_s^{CA*}、p_r^{CA*}、p_m^{CA*} 分别带入到制造商和零售商 R 的利润函数中，求得两者关于 t 的函数如下：

$$\pi_{m1}^{CA*} = \frac{a^2}{4b} - \frac{M^2 t(a-bw)^2 \beta^2}{4(2bM(-1+t)+5\beta^2)^2} + \frac{Mw(a-bw)(bM(-1+t)+5\beta^2)}{2bM(-1+t)+5\beta^2}$$

$$+ w\left(\frac{1}{2}\beta\sqrt{\frac{M^2(a-bw)^2\beta^2}{(2bM(-1+t)+5\beta^2)^2}} + \frac{M(a-bw)(bM(-1+t)+5\beta^2)}{20bM(-1+t)+50\beta^2}\right) +$$

$$\frac{-2bM(-1+t)w - 5w\beta^2}{M(-1+t)(a-bw)\delta},$$

$$\pi_{r1}^{CA*} = \frac{M^2(-1+t)(a-bw)^2\beta^2}{4(2bM(-1+t)+5\beta^2)^2} + \left(-w + \frac{-aM+aMt-bMw+bMtw+5w\beta^2}{-2bM+2bMt+5\beta^2}\right) \times$$

$$\left(\frac{1}{2}\beta\sqrt{\frac{M^2(a-bw)^2\beta^2}{(2bM(-1+t)+5\beta^2)^2}} + \frac{1}{10}M\left(a - \frac{b(-aM+aMt-bMw+bMtw+5w\beta^2)}{-2bM+2bMt+5\beta^2}\right)\right),$$

对除 t 以外的参数赋值后,对 t 在 CA 策略下对制造商和零售商 R 利润的影响画图可得图 8-4 如下。观察图 8-4(a) 可得,在合作广告策略下,当 $t \in (0, 0.9)$ 时,随着 t 的增大,制造商的利润降低,即制造商对零售商 R 承担更多的合作广告成本时,由于成本增加自身利润会降低。同时观察图 8-4(b) 可发现,在 t 同样的取值和变化下,由于合作广告成本的减少,零售商 R 的利润会增加。

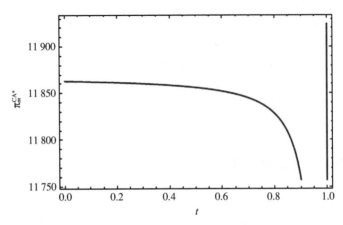

(a) CA 策略下 t 对制造商利润的影响

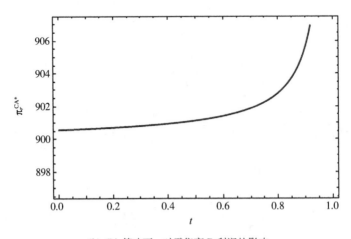

(b) CA 策略下 t 对零售商 R 利润的影响

图 8-4　CA 策略下 t 对制造商和零售商 R 利润的影响

从图 8-4 中(a)和(b)的 Y 轴的数值可以看出,由于社交媒体渠道的线上广告营销的影响,合作广告的投放对制造商和零售商 R 的利润影响不大,所以无论制造商选择承担多少程度的合作广告投入都不会对制造商和零售商的利润带来特别明显的变化。这也进一步印证了前面的分析,说明了在包含有社交媒体渠道的全渠道供应链中,合作广告并不能像在其他供应链中发挥缓解渠道冲突的作用。

8.4 考虑 BOPS 渠道与成本补偿契约的决策对比分析

目前 BOPS 模式是最为常见的全渠道模式,能够同时刺激线上与线下的潜在消费。对于零售商而言,BOPS 模式能够将一部分线上渠道的消费者引流到线下渠道,从而增加了线下渠道的销量;对于消费者而言,BOPS 渠道能够有效节约快递等待的时间,提升购物服务体验,使购物更加便捷高效。另外,目前针对供应链契约的文献研究已趋于完善,通过文献研究发现供应链契约能够有效协调供应链。同时通过前期研究发现,在社交媒体渠道的零售商 S 进行社交媒体广告营销的同时,线下渠道零售商 R 与制造商 M 通过合作广告增加纯线下渠道的市场需求扩大利润的效果并不明显,社交媒体渠道下的广告营销虽然对线下渠道也有一定程度的促进作用,但这种情况也在一定程度上抑制了全渠道下线下渠道合作广告的效果。

因此,本节将对通过建立 BOPS 渠道与成本补偿契约是否能够补偿线下渠道和社交媒体渠道从而促进线下渠道与社交媒体渠道集中化决策进行研究。

8.4.1 模型描述

在本节中,制造商把纯线上渠道建设为 BOPS 渠道,在 BOPS 渠道下,制造商与零售商 R 进行合作,制造商将为线下提货服务提供给零售商佣金,并且单位佣金为 θ,即制造商在线上每售卖一件产品都将提供给零售商 R θ 部分的佣金,以此换取零售商的合作。同时,考虑到线下渠道本身就存在实体店,因此 BOPS 渠道建立的成本忽略不计;BOPS 渠道的建立主要是为了给零售商更多的机会以及提升消费者的服务体验,因此 BOPS 渠道对需求的提升作用也暂不做考虑。集中决策下的社交媒体广告营销水平要高于其他决策模型,需要付出更多的社交媒体广告营销代价,在此情况下,制造商可以尝试使用成本补偿契约承担部分社交媒体广告营销成本 A_s,通过这种方式促进零售商 S 进行集中化决策,此时假设制造商分担 λ 部分的社交媒体广告营销成本 A_s。

基于以上,构建新的全渠道供应链系统模型如图 8-5 所示,由图 8-5 可见,该系统由单一制造商 M 以及两个零售商 R 和 S 构成,其中包括线下渠道、线上直销渠道以及 BOPS 渠道三种销售渠道。

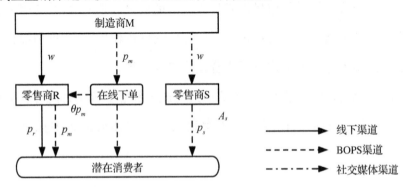

图 8-5 考虑 BOPS 渠道的全渠道供应链

第 8 章 合作广告形式下的决策对比分析

在 BOPS 渠道与成本补偿契约决策情形下，供应链中的所有成员都按照自身利益最大化为目标进行决策。整个博弈的过程可分为四个阶段：第一阶段，制造商以自身利润最大化为目标决定直销价格 p_m；第二阶段，零售商 R 以自身利润最大化为目标确定产品的零售价格；第三阶段，制造商决定社交媒体广告成本补偿系数 λ 和佣金率 θ；第四阶段，零售商 S 决定广告营销费 A_s。此时制造商和零售商的决策利润函数分别为：

$$\pi_m = wD_R + (1-\theta)p_m D_O + wD_S - \lambda A_s \tag{8-1}$$

$$\pi_r = (p_r - w)D_R + \theta p_m D_O \tag{8-2}$$

$$\pi_s = (p_s - w)D_S - (1-\lambda)A_s \tag{8-3}$$

与分散决策下的求解过程类似，可使用同样的逆向归纳法求得部分决策变量的均衡结果如下（"BC"表示 BOPS 渠道与成本补偿契约决策模式）：

$$A_s^{BC*} = \frac{\ln\left(-\dfrac{M(a-bw)^2 \delta}{4b(-1+\lambda)}\right)}{\delta}$$

$$p_r^{BC*} = \frac{a+bw}{2b}$$

$$p_m^{BC*} = \frac{a}{2b}$$

将求得的决策变量均衡结果带入到制造商和零售商的决策利润函数中可得：

$$\pi_m^{BC*} = \frac{1}{20}\Bigg(Mw(a-bw) - \frac{5a^2(-1+\theta)}{b}$$

$$+ 10Mw(a-bw)\left(1 + \frac{4b(-1+\lambda)}{M(a-bw)^2 \delta}\right)$$

$$- \frac{20\lambda \ln\left(-\dfrac{M(a-bw)^2 \delta}{4b(-1+\lambda)}\right)}{\delta}\Bigg)$$

$$\pi_r^{BC*} = \frac{M(a-bw)^2 + 10a^2\theta}{40b}$$

$$\pi_s^{BC*} = \frac{M(a-bw)^2}{4b} + \frac{-1+\lambda}{\delta} + \frac{(-1+\lambda)\ln\left(-\frac{M(a-bw)^2\delta}{4b(-1+\lambda)}\right)}{\delta}$$

整条供应链的利润为：

$$\pi_C^{BC*} = \frac{\begin{array}{c}-a^3(10+11M)\delta + a^2b(10+11M)w\delta + b^2w(40-11bMw^2\delta-40\lambda) + \\ ab(40+11bMw^2\delta-40\lambda) + 40b(a-bw)\ln\ln\left(-\frac{M(a-bw)^2\delta}{4b(-1+\lambda)}\right)\end{array}}{40b(-a+bw)\delta}$$

对以上所求的均衡结果进行讨论与分析,可得命题 5.1 和 5.2 如下:

命题 8.6 在包含有 BOPS 渠道的全渠道供应链进行成本补偿契约时,制造商利润与佣金率呈负相关,零售商 R 与佣金率呈正相关。

证明: $\dfrac{\partial \pi_m^{BC*}}{\partial \theta} = -\dfrac{a^2}{4b} < 0$; $\dfrac{\partial \pi_r^{BC*}}{\partial \theta} = \dfrac{a^2}{4b} > 0$。

证毕。

命题 8.6 表明,在含有线下渠道、BOPS 渠道和社交媒体渠道的全渠道供应链模型中进行成本补偿契约时,随着佣金率的增加,制造商利润减少而零售商 R 的利润增加,同时观察到制造商和零售商 R 利润关于佣金率的导数为相反数,进一步说明在建立 BOPS 渠道时,制造商将每件产品的佣金提供给零售商 R,促进零售商 R 获取更高的利润,从而缓解渠道冲突。

命题 8.7 在包含有 BOPS 渠道的全渠道供应链进行成本补偿契约时,社交媒体广告营销费用和零售商 S 的利润均与社交媒体广告成本补偿系数呈正相关,当 $\lambda > \dfrac{2bw}{a+bw}$ 时,供应链与社交媒体广告成本补偿系数呈负相关,反之,当 $\lambda < \dfrac{2bw}{a+bw}$ 时,社交媒体广告成本补偿系数呈正相关。

证明：$\dfrac{\partial A_s^{BC*}}{\partial \lambda} = -\dfrac{1}{\delta(-1+\lambda)} = \dfrac{1}{\delta(1-\lambda)} > 0$；$\dfrac{\partial \pi_s^{BC*}}{\partial \lambda} = \dfrac{\ln \dfrac{M(a-bw)^2 \delta}{4b(-1+\lambda)}}{\delta} = \dfrac{\ln \dfrac{M(a-bw)^2 \delta}{4b(1-\lambda)}}{\delta}$，其中由于 M 的值远远大于其他参数的数值，$M(a-bw)^2 \delta > 4b(1-\lambda)$，$\ln \dfrac{M(a-bw)^2 \delta}{4b(1-\lambda)} > 0$，所以 $\dfrac{\partial \pi_s^{BC*}}{\partial \lambda} > 0$；$\dfrac{\partial \pi_C^{BC*}}{\partial \lambda} = \dfrac{bw(-2+\lambda)+a\lambda}{(a-bw)\delta(-1+\lambda)}$，其中 $(a-bw)\delta(-1+\lambda) < 0$，$bw(-2+\lambda)+a\lambda = \lambda(a+bw) - 2bw$，所以当 $\lambda(a+bw) - 2bw > 0$，即 $\lambda > \dfrac{2bw}{a+bw}$ 时，$\dfrac{\partial \pi_C^{BC*}}{\partial \lambda} < 0$，当 $\lambda(a+bw) - 2bw < 0$，即 $\lambda < \dfrac{2bw}{a+bw}$ 时，$\dfrac{\partial \pi_C^{BC*}}{\partial \lambda} > 0$。

证毕。

命题 8.7 表明，随着社交媒体广告成本补偿系数的增加，社交媒体广告营销费用和零售商 S 的利润也会增加，说明当制造商通过成本补偿契约对零售商 S 的社交媒体广告营销费用进行分担时，由于社交媒体广告成本的降低零售商 S 的利润发生增值。同时，由于制造商愿意承担一部分的社交媒体广告营销费用，零售商 S 认为可以增加社交媒体广告营销费用以扩大影响范围、吸引更多的消费者，为自己带来更好的利润的同时还能让制造商一起承担增加的社交媒体广告营销费用。

8.4.2 利润函数的对比分析

为了更好地对比 BOPS 渠道与成本补偿契约对供应链的影响效果，将 BOPS 渠道与成本补偿契约决策情形下的利润函数与基础模型下的利润函数相减可得：

$$\Delta\pi_m = -\lambda A_s + \theta p_m(-a + bp_m) \quad (8\text{-}4)$$

$$\Delta\pi_r = \theta p_m(a - bp_m) \quad (8\text{-}5)$$

$$\Delta\pi_s = \lambda A_s \quad (8\text{-}6)$$

$$\Delta\pi_C = 0 \quad (8\text{-}7)$$

对公式(8-6)—(8-7)进行讨论和分析可得命题 8.8—8.10 如下：

命题 8.8 当 $p_m < \dfrac{a}{b}$ 时，线下渠道零售商 R 在 BOPS 渠道与成本补偿契约决策情形下将会获得比基础模型时更高的利润，反之利润降低。

证明：根据公式(12)，由于 $\theta > 0$，$p_m > 0$，当 $\Delta\pi_r > 0$ 时，$p_m < \dfrac{a}{b}$。

证毕。

命题 8.8 给出了零售商 R 在 BOPS 渠道与成本补偿契约决策情形下与基础模型下利润大小比较时 p_m 的分界点，即当 $p_m < \dfrac{a}{b}$ 时，线下渠道零售商 R 在 BOPS 渠道与成本补偿契约决策情形下将会获得更高的利润；反之当 $p_m > \dfrac{a}{b}$ 时，线下渠道零售商 R 在 BOPS 渠道与成本补偿契约决策情形下的利润会降低。

命题 8.9 相比于基础模型，在 BOPS 渠道与成本补偿契约决策情形下，社交媒体渠道能够取得更高的利润

证明：根据公式(8-6)，由于 $\lambda > 0, A_s > 0$ 可知，$\Delta\pi_s > 0$。

证毕。

命题 8.9 表明：在 BOPS 渠道与成本补偿契约决策情形下，无论参数如何变化，社交媒体渠道均可取得更高的利润。以此看出，制造商对社交媒体

渠道中社交媒体广告营销代价的补偿,能够有效地减少社交媒体渠道的成本,从而促进社交媒体渠道取得更高的利润。因此社交媒体渠道下的零售商 S 会更加倾向于 BOPS 渠道与成本补偿契约决策。

同时,令 $\Delta A_s = A_s^{BC*} - A_s^{D*} = \dfrac{\ln\left(-\dfrac{M(a-bw)^2\delta}{4b(-1+\lambda)}\right)}{\delta} - \dfrac{\ln\dfrac{M(a-bw)^2\delta}{4b}}{\delta} =$
$-\ln(1-\lambda)$,由 $\lambda \in [0, 1]$ 可知 $\Delta A_s > 0$,所以在 BOPS 渠道与成本补偿契约情形下,社交媒体广告营销成本会增加。结合命题 8.9 认为,社交媒体广告营销成本增加,可以为社交媒体渠道带来更多的消费者,消费者增加的利润足以支撑社交媒体广告营销成本并且有所盈余,所以零售商 S 能够获得更高的利润。

根据公式(8-7)可得,

命题 8.10 无论在 BOPS 渠道与成本补偿契约决策情形下还是基础模型下,整个供应链的利润并没有发生变化。

命题 8.10 说明 BOPS 渠道与成本补偿契约下利润仅在制造商和零售商之间流转,并没有发生增值。

联合公式(8-4)与(8-5),将各参数看作常数,此时 $\Delta \pi_m$ 和 $\Delta \pi_r$ 可以看作关于 p_m 的一元二次函数。此时令 $\Delta \pi_m = 0$,可以得到其函数的两个零点 $\dfrac{a}{2b} \pm \sqrt{\dfrac{\lambda A_s}{\theta b} + \dfrac{a^2}{4b}}$。令 $\Delta \pi_r = 0$,可以得到其函数的两个零点 $0, \dfrac{a}{b}$。令 $X = \sqrt{\dfrac{\lambda A_s}{\theta b} + \dfrac{a^2}{4b}}$,对制造商和零售商 R 的利润函数图形及其零点进行画图可得图 8-6。

对图 8-6 中制造商和零售商的利润比较情况进行讨论可得,

命题 8.11 考虑 BOPS 渠道与成本补偿契约时,不存在制造商和零售

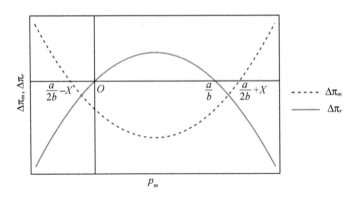

图 8-6　BOPS 渠道与成本补偿契约情形下常数参数时的 $\Delta\pi_m$ 和 $\Delta\pi_r$

商 R 的利润同时增加的双赢局面,制造商和零售商 R 的利润至少一个低于基础模型时的利润。

证明：由图可知,当 $p_m<\dfrac{a}{2b}-X$ 时,$\Delta\pi_m>0$,$\Delta\pi_r<0$;当 $\dfrac{a}{2b}-X<p_m<0$ 时,$\Delta\pi_m<0$,$\Delta\pi_r<0$;当 $0<p_m<\dfrac{a}{b}$ 时,$\Delta\pi_m<0$,$\Delta\pi_r>0$;当 $\dfrac{a}{b}<p_m<\dfrac{a}{2b}+X$ 时,$\Delta\pi_m<0$,$\Delta\pi_r<0$;当 $p_m>\dfrac{a}{2b}+X$ 时,$\Delta\pi_m>0$,$\Delta\pi_r<0$。由于 $\sqrt{\dfrac{\lambda A_s}{\theta b}+\dfrac{a^2}{4b}}>\sqrt{\dfrac{a^2}{4b}}>\dfrac{a}{2b}$,所以 $\dfrac{a}{2b}-\sqrt{\dfrac{\lambda A_s}{\theta b}+\dfrac{a^2}{4b}}<0$,又因为 p_m 不能小于 0,此时仅仅讨论 $p_m>0$,即 y 轴右侧的情况。在 BOPS 渠道与成本补偿契约决策情形下,无论制造商如何调节直销价格 p_m,都不存在制造商和零售商 R 的利润同时增加的情况。

证毕。

命题 8.11 表明：无论是对线下渠道分享部分线上渠道利润,还是承担部分社交媒体渠道的社交媒体广告用营销成本,制造商都需要付出相应代价。随着零售商 R 和零售商 S 的利润的增加,制造商的利润必定会相应减少。因此,无论是收益分享还是成本补偿都要把握好一个度,即把握好 θ 和 λ

两个参数,这点将在8.5节数值分析中做更加详细地讨论和分析。

同时,通过观察可以发现:对于制造商而言,随着直销价格 p_m 的增加,其相对于基础模型的利润先下降随后上升,并在 $p_m = \dfrac{a}{2b}$ 时取得最大的利润差值,此时 BOPS 渠道与成本补偿契约决策情形下制造商的利润最大程度地低于基础模型下的利润,在 $p_m > \dfrac{a}{2b} + X$ 时,BOPS 渠道与成本补偿契约决策情形下制造商的利润才会高于基础模型下的利润。对于零售商 R 而言,随着直销价格 p_m 的增加,纯线下渠道相比于基础模型的利润也并不会一味地上升,而是先增加后下降,并在 $p_m = \dfrac{a}{2b}$ 时取得最大的利润差值,此时 BOPS 渠道与成本补偿契约决策情形下零售商 R 的利润最大程度地高于基础模型下的利润。但当 $p_m > \dfrac{a}{b}$ 时,BOPS 渠道与成本补偿契约决策情形下零售商 R 的利润均低于基础模型下的利润,此时也进一步证明了命题 8.11。

8.5　数值仿真(2)

在本节中通过数值算例:(1) θ 和 λ 以及 w 对供应链成员的利润值的影响;(2)集中化决策、BOPS 渠道与成本补偿契约 3 种不同模型下均衡解的对比分析。根据上述模型的参数约束条件以及其他的文献研究,设定模型的参数为 $a=1, b=0.1, M=10\,000, \delta=0.001, w=4, \theta=1, \lambda=0.5$。

8.5.1　灵敏度分析

在本小节中,将通过给定其他参数的值,以更专注地分析 θ 和 λ 对供应链成员的利润值的影响。

在 BOPS 渠道与成本补偿契约决策情形下,制造商既要对线下渠道分享部分线上渠道利润,还要承担部分社交媒体渠道的社交媒体广告用营销成本,因此制造商利润同时受 θ 和 λ 两个参数的影响。图 8-7 展示了在 θ 和 λ 两个参数的共同影响下,BOPS 渠道与成本补偿契约决策下制造商的利润变化。从图 8-7 中可以看出,随着 λ 的增大,制造商的利润明显下降,且下降速度越来越快;相比于 λ 对制造商利润的影响,θ 带来的变化并不明显。可以推测在 λ 增大时,零售商 S 的利润会得到相应的提高。

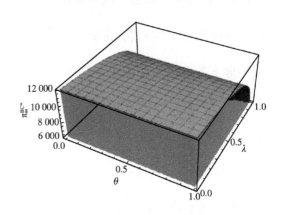

图 8-7　θ 和 λ 对 π_m^{BC*} 的影响

在 BOPS 渠道与成本补偿契约决策情形下,零售商 R 得到制造商部分线上渠道利润的分享,因此零售商 R 利润仅受 θ 一个参数的影响。图 8-8 清

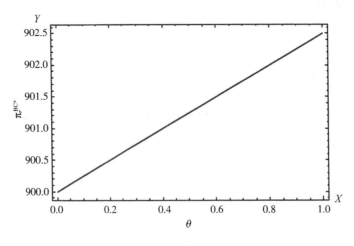

图 8-8　θ 对 π_r^{BC*} 的影响

晰明了地显示了 θ 对零售商 R 的影响，能够看出是随着 θ 的增大，零售商 R 的利润也随之增加，并且呈线性关系。同时，对比图 8-8 的 Y 轴与图 8-7 的 Z 轴(π)的数值可以发现，θ 对零售商 R 的影响效果相比于制造商的变化并不显著。

在 BOPS 渠道与成本补偿契约决策情形下，零售商 S 被制造商承担部分社交媒体广告用营销成本，所以零售商 S 利润仅受 λ 一个参数的影响。同时，由于 A_s^{CC*} 受 λ 影响，供应链也受 λ 影响，因此通过图 8-9 分析 λ 对零售商 S 和供应链利润的影响。观察图 8-9 可得，随着 λ 的增大，零售商 S 的利润随之增加，证明了对图 8-7 进行分析时的推测；随着 λ 的增大，供应链利润先有所上升，随后快速下降，观察 π_C^{BC*} 图线可以发现 π_C^{BC*} 的整体趋势和图 8-7 中在 λ 的影响作用下 π_m^{BC*} 的整体趋势较为相似。因此可以认为在供应链成员中制造商对供应链整体能够产生较大的影响，并且在供应链上升阶段零售商 S 增加的利润大于制造商 M 减少的利润。

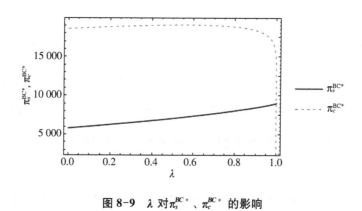

图 8-9　λ 对 π_s^{BC*}、π_c^{BC*} 的影响

此外，根据 8.3.2 部分的结论可以看出批发价格对于整个供应链和市场的重要性，因此接下来将对批发价格 w 进行灵敏度分析，即分析批发价格对供应链各成员利润的影响效果。观察图 8-10 发现，w 对供应链成员利润的

影响变化趋势和图 8-1(a) 中 D 模型中 w 对供应链成员利润的影响变化趋势极为相似，说明建立 BOPS 渠道与成本补偿契约情形下不会对 w 的灵敏度的整体趋势造成影响，仅在具体的数值上有些许偏离。

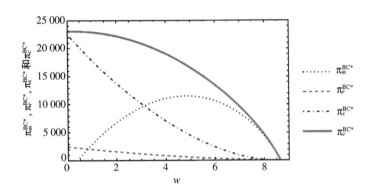

图 8-10　BC 模型中 w 对供应链成员利润的影响

8.5.2　均衡解及其对比分析

基础模型情形下分散化决策、基础模型情形下集中化决策、BOPS 渠道与成本补偿契约 3 种不同模型下的均衡解见表 8-2。由表 8-2 可知，BOPS 渠道与成本补偿契约情形下，社交媒体广告营销费用 A_s 相较于 D 模型都有所增加，相比于制造商利润的降低，零售商 R 和零售商 S 以及供应链整体的利润都有所增加。

另外，为了对 BOPS 渠道的建立与成本补偿契约是否能够促进零售商进行集中化决策进行分析，在表 8-2 中加入了 BOPS 渠道与成本补偿契约情形下进行集中化决策的均衡解。通过对比发现，虽然 BC 模型下零售商 R 进行集中化决策的利润相比于 C 模型有所增加，但增加幅度较小且大大低于 D 模型下的利润，说明 BOPS 渠道的建立能够有所增加零售商 R 的利润，但并不能够促进零售商 R 进行集中化决策；同时，BC 模型下零售商 S 进行集中化决策的利润相比于 C 模型有了较大的提升，但仍低于 D 模型下的利润。这说明即使制造商承担了一部分社交媒体渠道中的社交媒体广告营销费用，零售商 S 依然还是在分散化决策下取得更大的利润，因此成本补偿契约也不能够促使零售商 S 进行集中化决策。

表 8-2　不同模型下均衡解对比分析

	D 模型	C 模型	BC 模型	BC 模型集中化决策
A_s	2 197.224 6	3 218.875 8	2 890.371 8	3 218.875 8
p_r	7	5	7	5
p_m	5	5	5	5
π_m	11 869.166 7	21 202.5	11 088.147 5	19 590.562 1
π_r	900	500	902.5	502.5
π_s	5 802.775 4	1 581.124 2	7 054.814 1	3 190.562 1
π_C	18 571.942 1	23 283.624 2	19 045.461 5	23 283.624 2

对比 D 模型与 BC 模型集中化决策发现，由于社交媒体渠道中社交媒体广告人性化、自由化、多样性与精准性的特性，在集中化决策下并不能够最大程度地展现其特性，因此即使在 BC 模型集中化决策下，制造商会对社交媒体渠道进行成本补偿，零售商 S 仍然会选择 D 模型，即零售商 S 更愿意以自己的渠道投放社交媒体广告来吸引更多的消费者，并不想和制造商合作进行集中化决策。

对比 D 模型与 BC 模型发现，在 BC 模型下，制造商对社交媒体渠道中社交媒体广告营销代价的补偿，导致了最优社交媒体广告营销成本的增加，但是社交媒体广告营销成本的增加可以为社交媒体渠道带来更多的消费者，并且消费者增加的利润大于社交媒体广告营销成本，因此大大增加了零售商 S

的利润。同时对比两种模型下的制造商、零售商 R 和 S 以及供应链的利润发现,制造商可以通过以一小部分自身的利润换取整体供应链利润的增加,零售商 R 和 S 的利润也都会有所增加,并以此承担社会责任。

8.6 本章小结

本章中,为了缓解渠道冲突和提升消费者的服务体验,制造商把纯线上渠道建设为 BOPS 渠道并且通过成本补偿契约降低社交媒体渠道的广告营销成本,因此在基础模型的基础上引入了佣金率 θ 和社交媒体广告成本补偿系数 λ 两个参数,从而构建了 BOPS 与成本补偿契约模型,对模型的最优均衡解进行求解后又对加入 BOPS 渠道和成本补偿契约前后的利润函数进行了对比分析。最终又通过数值仿真对 θ 和 λ 进行灵敏度分析,并且对基础模型情形下分散化决策、集中化决策、BOPS 渠道与成本补偿契约三种不同模型下的均衡解进行了对比分析。通过研究发现,社交媒体广告营销成本的增加能够为社交媒体渠道带来更多的消费者,并且消费者增加的利润大于社交媒体广告营销成本,从而增加了零售商 S 的利润。但是由于社交媒体渠道中社交媒体广告的特性,零售商 S 更愿意通过自己的渠道投放社交媒体广告来吸引更多的消费者,即使制造商进行成本补偿,零售商 S 也不想和制造商合作进行集中化决策。本章加入了合作广告因素,讨论分析是否可以通过合作广告的形式使得零售商在集中化决策下能够获得比基础模型下更高的利润。于是本章在模型中增加了决定广告投入量 A_r 与广告分担率 t 两个参数,并且设置了合作广告决策与非合作广告决策两个不同的场景,分别对两个场景下模型的最优均衡解进行了各自分析与交叉分析,最终又通过数值仿真对分散化决策、集中化决策、非合作广告决策、合作广告决策四种不同模型下的均衡解以及各参数对供应链各成员利润值的影响进行了研究,并且在数值分析中设置了对比模型比较加入社交媒体渠道前后的变化,以分析社交媒体广告是否对合作广告有影响。通过研究发现,在供应链中加入社交媒体渠道能够有效增加零售商、制造商以及供应链的利润,并且发现社交媒体渠道下的广告营销对线下渠道也有促进作用,但同时也抑制了全渠道供应链中线下渠道合作广告的效果,使得合作广告带来的利润变化并不明显。

参考文献

[1] AUST G, BUSCHER U. Cooperative advertising models in supply chain management: a review[J]. European journal of operational research, 2014, 234(1): 1-14.

[2] JORGENSEN S, ZACCOUR G. A survey of game-theoretic models of cooperative advertising[J]. European journal of operational research, 2014, 237(1): 1-14.

读书笔记